維新と興亜

道義国家
日本を
再建する
言論誌

令和5年
9月号

【第20号】

崎門学研究会・
大アジア研究会
合同編集

題字
柳田泰山

維新と興亜

令和五年九月号

占領後遺症を克服せよ

【巻頭言】原爆の無知をさらしたアメリカ人

原爆のキノコ雲を模したヘアスタイルのバービー、キノコ雲を背景にポーズを取るバービーなどが発信されたのである。これには世界中が驚いた。ところが、このようなファンアートの広がりについて、『バービー』配給元であるワーナー・ブラザースは、公式アカウントで「忘れられない夏になりそう」と投稿したのである。つまり、原爆投下の凄惨さがアメリカ人には全く理解されていないということだ。

その背景の一つには、「原爆は戦争終結を早め、多くの人命を救った」というアメリカ政府側の見解が、アメリカ社会に共有されていることがある。

広島と長崎への原爆投下から五十年を経た平成七（一九九五）年、こうしたアメリカ政府側の見解を揺るがす出来事があった。米国立スミソニアン博物館が、

今年の夏は、忘れられない夏になりそうだ。二十一万人以上の命を奪った広島・長崎への原爆投下についてのアメリカ人の救い難い無知が露呈し、日本人の心が踏みにじられたからだ。

今年七月、アメリカで映画『バービー』と『オッペンハイマー』が公開されると、アメリカでは、X（Twitter）上で、映画ファンたちが、この二作の映画を掛け合わせて「#Barbenheimer」（バーベンハイマー）というハッシュタグを作り、二作の映画ビジュアルをコラージュするファンアートが拡散されていった。

日本人にとって原爆の「キノコ雲」は、原爆投下の凄惨さを象徴的に思い起こさせるものであり、軽々しくアートに用いることなど想像もつかない。ところが、驚嘆すべきことに、アメリカ人のファンアートとして、

戦争終結五十周年に当り、広島に原爆を投下したB―29「エノラ＝ゲイ」展を企画したのだ。その展示には、広島と長崎の原爆資料館から貸し出された爆心地の惨状をはじめとする資料が展示される計画だった。

ところが、退役軍人会などアメリカ国内からの猛反発によって、「原爆展」は葬られ、「エノラ＝ゲイ」の機体だけが展示されることになった。この時、社団法人マレイシア協会理事長（当時）の花房東洋氏の発案によって編まれたのが、『原爆投下への審判―アメリカの主張と反省』（新盛堂天地社、平成八年五月）である。

筆者も「黄禍論と原爆投下」と題して論稿を書かせていただいた。人種的視点から原爆投下を断罪しようとした理由は、スミソニアン博物館の「原爆展」の当初の企画書に「『白人』よりアジア人に原爆を投下するほうが米国にとって抵抗が少なかったろうから、原爆は決してドイツに投下されることはなかったろうという議論がある。この見解を支えるのは、しばしば言われてきた太平洋戦争の人種的性格である」と書かれていたからである。

筆者はカリフォルニア大バークレー校のロナルド・タカキ教授の『アメリカは、なぜ日本に原爆を投下したのか』（草思社）などに基づきながら、トルーマン大統領の人種的偏見を徹底的に批判した。

一方、近現代史研究家の林千勝氏は、昭和十九（一九四四）年九月十八日に、ニューヨーク州ハイドパークで行われたルーズベルト米大統領とチャーチル英首相の会談で調印された覚書に、「爆弾が最終的に使用可能になった時には、熟慮の後にだが、多分日本人に対して使用していいだろう。なお、日本人には、この爆撃は降伏するまで繰り返し行われる旨、警告しなければならない」と書かれていることに注目し、次のように述べている。

「彼らには、黄色人種への根深い差別意識がある。そのような意識がなければ、科学者や軍人そして政治家が、人々の頭上に直接原爆を投下するという発想にはならないはずだ」

我々は今こそアメリカ政府が主張してきた「原爆は戦争終結を早め、多くの人命を救った」という考え方を正面から否定し、原爆の凄惨さをアメリカ人が学び直すよう求めるべきではないのか。

（坪内隆彦）

折本龍則

千葉県議会議員

去る令和5年7月4日、米国大使館前に赴き、先に国会で可決成立したLGBT理解増進法案に関し、ラーム・エマニュエル駐日米国大使が我が国政府に対して行った露骨な内政干渉に抗議する街宣を敢行しました。この度の抗議活動の趣旨と抗議文の案文は本誌前号（令和5年7月号）の時論でも掲げたのでご一読下されば幸いです。

抗議文については、抗議に出かける直前まで賛同者を募った結果、福島伸享衆議院議員や田沼隆志千葉県議会議員を始め、国会議員、県議、区議、市議計12名、文化人、言論人を合わせ総勢32名の方々に賛同して頂きました。なかでも、山岡鉄秀先生におかれましては、筆者はまだ一度もお目にかかったことがなかったにも関わらず、不躾な賛同のお願いを快諾して下さり、街宣の直前夜を徹して英文の抗議文を起草して下さいました。和英の抗議文と賛同者一覧は本号の現場ルポ（48頁）に掲載しましたので、あわせてご覧ください。また当日は、小坂英二荒川区議に駆けつけて頂いた他、多くの皆様にご参加頂きました。ここに衷心より御礼申し上げます。誠にありがとうございました。

さて、街宣当日は行動を起こす前に乃木神社に参拝し成功を祈願しました。その後、厳重な警戒を避けて大使館ではなく大使公邸の裏手から回り込み、公邸の正門前で皮切りの街宣を行いました。というのも、7月4日は米国の祝日なので大使は大使館にはおらず、公邸で賓客などを招いてレセプションを開いているに違いないと踏んだからです。公邸前で街宣をしながら、ゆっくりと街宣車で公邸とホテル・オークラの間を通る霊南坂を下り、大使館正門前をじらすように通って集合場所である共同通信会館前に到着しました。すでに現場には数十名の同志諸兄が待っておりました。ところが、警察はなかなか我々を大使館に近づけようとしない。むしろ前線を後退させて隣の住友不動産虎ノ門タワーの方まで押しやろうとしました。これでは大使館に声が届かないということで、警察隊とのもみ合いになる一幕もありましたが一人の逮捕者も出さずに終えることが出来ました。そもそも大使館前とはいえ、日本の公道で道路使用許可まで取って平和的な政治活動をするのになぜ警察に排除されねばならないのか。ここは日本の領土ではないのか、日本の警察はアメリカの番犬なのかと強い憤りを感じました。

参加者による街宣を一通り終えた後、筆者が代表して大使館に赴き、抗議文を入れた封筒を渡そうとしました。当初は、大使に面会して抗議文を手交しようと思い大使館に電話したのですが、交換手が有無を言わせず音声ガイダンスに切り替え郵便物の宛先を告げられたので、仕方なく7月4日大使館に赴き抗議文を持参する旨予告する手紙を特定記録郵便で郵送し受領済になっておりました。つまり大使館は筆者が来ることは当然把握していたはずです。ところが当日大使館の受付に行くと、ガラス扉の中にいた警備員は大使館員と電話で何やらやり取りしている様子でしたが、何度インターホンを押しても首を振って扉の外には出てきませんでした。そこで今度は再び公邸まで行って抗議文を渡そうとしましたが、さんざん待たされた挙句、結局受け取ってもらうことは出来ませでした。かくして我々が抗議文に託した思いは完全に拒絶されたのでした。

筆者は一介の地方議員に過ぎませんが、今回の抗議行動には先述したように議員や言論人等多くの賛同者が名を連ね、しかもその背後にはさらに多くの日本国民が控えています。特に今回のエマニュエル大使の内政干渉には多くの国民が憤慨し抗議していることは大使も十分承知のはずです。ところが、そのようなわが国民の声を完全に無視する大使の態度は、これが民主主義の国の大使のやることかと強い怒りを禁じえません。LGBT法案が通過した後、エマニュエル大使は「日本は進化の過程にある」と驚くべき発言をしましたが、まさに大使にとって我が国は、大使によって啓蒙される未開の野蛮国なのでしょう。そのような野蛮国の民の声など一聞の価値もないということでしょうか。

抗議文は後日特定記録郵便で大使館に郵送し受領されました。また、今回の抗議行動については、

twitterやYouTubeをはじめとする主要SNSで拡散し大きな反響があったほか、新聞や雑誌、海外メディアなど24社に対してプレス・リリースを行いました。街宣現場には中東系メディアの記者も来られ取材を受けました。

重要なことは、今回の行動を一過性のもので終わらせてはならないということであり、一人でも多くの日本国民にエマニュエル大使の暴挙を周知して我々の行動に対する賛同の輪を広げていかねばならないということです。今回の抗議文は「対等な日米関係を求める国民有志の会」として提出しました。それは左右のイデオロギーや党派を超えて国民が団結せねばならないと思ったからです。今回のエマニュエル大使の内政干渉に対して岸田政権がやすやすと屈服したことは、右とか左とか言う以前に、我が国に本当の主権はなく民主主義が機能していないという現実を明らかにしました。だからいまは国民が内輪もめしている場合ではなく、アメリカから主権を取り戻すために国民が一致団結するのが先決です。明治のころ、我々の先人たちが不平等条約を改正できたのは、国民が右（国粋派）も左（民権派）も関係なく大同団結して欧米の内政干渉を排除し国家の独立を優先できたからです。民権派の急先鋒であった大井憲太郎が結成した有志連合の「大同協和会」には、頭山満や佐々友房、植木枝盛、河野広中などの多くの人士が結集し条約改正運動を強力に推し進めました。我々は、こうした歴史の教訓に学ばねばなりません。

同時に、これは抗議文でも書きましたが、我々は良識あるアメリカ国民に対しても連帯を呼び掛けています。LGBT法の根底にある思想は、世界の国や民族における伝統や文化の多様性を否定し、自己決定の近代イデオロギーを世界に押し付けようとするグローバル全体主義です。この偏ったイデオロギーは、民主党政権に巣食うネオコンを首謀者として世界中で侵略と内政干渉を繰り返し、ウクライナ戦争を含む紛争の火種をまき散らしているだけでなく、アメリカ自身の伝統文化をも破壊し、国家社会を深刻な分断と衝突で引き裂いているのです。これに対する巻き返し運動が、トランプ現象でもあるのでしょう。最近ではブッシュ政権でネオコンの首魁とされたディック・チェイニー

元副大統領の娘であるリズ・チェイニー下院議員が中間選挙で落選するなど、共和党内のネオコンも一掃されつつあると聞いています。

したがって、我々はこの思いあがったネオコンの近代グローバリズムに反発する米国民と連帯し、主権と文化の相互尊重に基づいた友好関係を築かねばなりません。なぜならば、国家間の真の友好関係は、「同盟」の名を借りて正当化される支配と従属の関係ではなく、対等で独立した主権の上に互いの伝統文化を尊重し合うことによって初めて成り立つからです。その意味で、我が国に対して植民地総督のような態度で振る舞い、自分たちの信奉するイデオロギーを、未開人を啓蒙するかのように駐在国に押し付けるエマニュエル大使は「日米友好の敵」に他なりません。ちょうど来年はアメリカ大統領選挙の年でもあるので、これから我々はアメリカ世論に対してもエマニュエルの非道を訴え、大使が晴れて更迭され「ゴー・ホーム」するその日まで戦いを続ける所存です。

日本維新の会の存在感が増している。維新の会は仙台市議会議員選挙で、擁立した五人全員が当選し、地盤である関西圏以外にも徐々に進出し始めた。この仙台という地が禍々しいものを連想させる。

本誌の読者にはおなじみだろうが、宮城県では水道民営化がなされてしまい、事実上受注した会社は外資のヴェオリアである。上下水道と工業用水の運営権を二十年間外資に一括で売却してしまった責任は重い。この背景には宮城県の村井嘉浩知事が民営化に積極的なことがある。そしてこの村井知事と昵懇なのが竹中平蔵氏であり、かつての維新の会衆院選候補者選定委員長が竹中平蔵氏であり、その政策は竹中平蔵氏・原英史氏『日本の宿題』と符合していることは過去本誌で取り上げた（第十号、十九号）。こうしたつながりを持つ仙台という地で維新の会が躍進することは、見過ごすことのできない大問題なのである。増税悪政ばかりの自民党の敵失に乗じて、新自由主義政党が着々と地盤固めをしていることは由々しき事態である。

ところで維新の会の藤田文武幹事長は、文春オンラインでのインタビューで以下のように語った。「竹中さんは何であんなに叩かれるんですかね。合理的なこともたくさん言っていると思います」。小泉竹中路線の肯定である。国内に格差を拡大し、同胞たる国民を貧困に陥れ国力を削いだうえに、国民財産の海外への売却を導いた竹中路線を肯定してみせるセンスのなさ、感性のなさにも驚いたが、「もはや隠そうともしないのか」という感想が胸をよぎった。この政党を野放しにしてはならない。一部に自民党政権の対米従属、新自由主義的悪政に嫌気がさし、維新の会の地方性に期待する向きがあることは承知している。自民党のひどさには私も共感するし、維新の会批判が自民党を利することはあってはならないといつも感じている。しかし、維新の会は自民党とともに非常に危険な存在であり、決して心を許してはならない。

本誌副編集長　小野耕資

一点面白いインタビューがあったので紹介したい。女性タレントで選挙にも関心を持つ井上咲楽が維新の会馬場伸幸代表にインタビューした記事（週刊ポスト）である。この記事は全般的に維新の会をヨイショするトーンとなってしまっているのが残念ではあるが、井上が「私は維新の躍進は、吉村（洋文）府知事や音喜多（駿）さん（日本維新の会政調会長）などの若くて爽やかな政治家のイメージの効果が大きいのではないかと思っています。〝維新っぽい顔〟ってあるなと思っていて、ベンチャー企業の若い社長さんみたいな感じ」と語っているのは面白い。井上の女性的直感が本質を突いたと言えるのではないだろうか。そう、維新の会は決して大阪発の土着政党ではない。東京一極集中に対抗する地方の声も伝えていない。きわめて都会的な「ベンチャー企業の若い社長さんみたいな」新自由主義者によって主導される政党なのである。

ところで維新の会の党名の英語名は「Japan Innovation Party」である。石原慎太郎氏ら旧「太陽の党」グループの合流により二〇一二年に日本維新の会ができたときの英語名は「Japan Restoration Party」であった。そこに旧みんなの党系のメンバーが合流し、石原氏らのグループは脱党し「次世代の党」を立ち上げることになるのだが、その結果二〇一六年にできた二回目の「日本維新の会」の英語名は「Japan Innovation Party」に変更されている。「Restoration（王政復古）」を掲げることに海外からの強い批判があったとも言われている。「Innovation」はよく「技術革新」と訳されるが、これは誤訳であり、既存のやり方を全く変えるという「革新」、「刷新」という方が正確なニュアンスを伝えている。

馬場代表は日本共産党について「日本からなくなったらいい政党」といったという。要するに共産党が革命を志向する政党であるから上記発言となったようだが、自分たちの政党の英語名も根本変革を志向しているのではないか？ 維新の会は共産党のような「かつて武力革命を志向していた」というレベルではなく、共産党とは違う竹中平蔵的方向から日本社会の破壊を志向しているのではないだろうか。馬場代表の発言をあえて文字らせていただこう。日本維新の会は日本からなくなったらいい政党だ！

占領後遺症を克服せよ

　七十八年前の昭和二十（一九四五）年八月三十日、連合国軍総司令部（ＧＨＱ）最高司令官ダグラス・マッカーサー元帥が厚木飛行場に降り立った。以来、昭和二十七（一九五二）年四月二十八日にサンフランシスコ平和条約が発効し、主権を回復するまでの六年八カ月間、わが国はＧＨＱの占領下に置かれた。

　国務・陸軍・海軍三省調整委員会（ＳＷＮＣＣ）が決定した「初期の対日方針」は、究極の目的を「日本国が再びアメリカの脅威とならず、また世界および安全の脅威にならないことを確実にすること」と定めていた。この目的に沿った日本弱体化政策として、連合国は日本の非軍事化と「民主化」を推し進めた。

　ＧＨＱは、極東国際軍事裁判（東京裁判）で、日本の指導者を「戦争犯罪人」として裁くことによって、日本

人に贖罪意識を植え付け、連合国側の主張を「正義」として浸透させようとした。そのために、二十万人以上の公職追放、徹底した報道・言論統制、焚書（書籍の没収）を断行した。これが、GHQが進めた「民主化」の姿だ。今日に至るわが国の対米従属路線もまた、占領期に植え付けられた「GHQには従わなければならない」という従属の心理によって用意された。

日本弱体化政策の狙いは、単に軍事力とそれを支える経済基盤を破壊することにとどまらず、日本本来の姿を覆い隠すことによって、日本人から愛国心を奪い取ることにあったように見える。我が国はポツダム宣言を「國體を護持しうる」という条件のもとに受諾したが、それとは裏腹にGHQは「國體破壊」を意図していた。その理由は、「日本を日本でなくす」ことが対米従属の固定化を確実にすると、彼らが考えたからではなかったか。

日本が本来の姿を取り戻し、真の自立を果たすために、いまこそ占領後遺症を克服しなければならない。

ヤルタ・ポツダム（ＹＰ）体制から脱却し、日本の主権の完全回復を

一水会代表　木村三浩

「米意（あめごころ）」に侵食される日本

――　戦後七十八年が経ちましたが、日本人は独立国家としての気概を取り戻せないまま、アメリカへの追従を続けています。

木村　現在の日本は主権国家とは言えません。「アメリカの属国」と言われても仕方のない状況です。多々指摘できますが、その象徴として、わが国の主権を踏みにじっている日米地位協定があります。同じ敗戦国のドイツと比較すれば一目瞭然です。また、わが国は自主的な外交を展開することもできず、ひたすらアメリカに追随しているだけの状態です。外交の問題にとどまりません。わが国はアメリカの要求に沿った経済政策を推進し、その結果社会に様々なひずみが生じています。

かつて本居宣長は儒教思想をはじめとする中国文化の影響を「漢意（からごころ）」として批判しましたが、いまや日本は「米意（あめごころ）」に侵食され、日本人としての誇りを失っています。独立自尊で漢意を批判した叡知は素晴らしいですが、なぜ米意を批判しないのか不思議です。日本があたかもアメリカの五十一番目の州のように扱われているのはまずいでしょう。

――　日本政府はアジア近隣諸国やロシアなどに対しては声高に主権を主張しますが、アメリカには何も言えません。

木村　いまこそ、「米意」による非独立心を退け、対

米自立に向けて動き出すべきです。

かつて「大東亜解放」をスローガンに米英と戦った日本人は、なぜ戦後「アメリカの従順な犬」になってしまったのでしょうか。なぜいまなお、日本の権力中枢は、アメリカの意に沿わない自国の政権を追い落とすほどにアメリカに忖度するのでしょうか。その原点にあるのは、占領期間中に形成された、アメリカに対する過度にへりくだった敗北感情です。ジョン・ダワーの『敗北を抱きしめて』ですね。

――アメリカが日本人に従属感情を植え付けることができたのは、ＧＨＱの占領政策が巧みだったからでしょう。

木村　まず挙げられるのが、ＷＧＩＰ（ウォー・ギルド・インフォメーション・プログラム）と呼ばれる「戦争についての罪悪感を日本人の心に植え付けるための宣伝計画」です。

ＧＨＱは、戦前の日本を軍国主義として糾弾しました。「この戦争は、軍部が独走してみんなを戦争に駆り立て、無謀な作戦をくり返し遂行し、その結果多くの人が犠牲になった」と。このように指導者たちを厳しく糾弾する半面、「一般国民には罪はない」と、日本国民を懐柔したのです。その上で、アメリカ文化に対する憧れを醸成し、「米国は先進的な国で、自由と民主主義がある」ことを日本人に巧みに刷り込んでいったのです。

ＷＧＩＰの方針に沿って、連合国側の一方的な歴史観に基づいて書かれた「太平洋戦争史」の連載や「真相はかうだ」のラジオ放送が開始され、すべてを日本の軍国主義的な指導者の責任とするような歴史観が浸透していったのです。

――連合国の立場から日本の指導者たちを断罪するために開かれたのが、極東国際軍事裁判（東京裁判）にほかなりません。

木村　ＧＨＱは武装解除（Disarmament）、軍国主義排除（Demilitalization）、工業生産力破壊（Disindustrialization）、中心勢力解体（Decentralization）、アメリカ型民主化（Democratization）という5Ｄ政策などで日本弱体化を進めました。しかし、日本の「民主化」は建前に過ぎず、その目的は弱体化です。そうした初期占領政策を歓迎し、「解放軍万歳」と叫んだのが日本共産党でした。

ところが、ＧＨＱは昭和二十二年には日本共産党主導の二・一ゼネストに対して中止命令を出すなど、反共的な姿勢を強化しました。そして、東西冷戦が勃発すると、日本を反共の防波堤にするという政策に転換しました。その結果、日本弱体化に重点を置いた初期の占領政策は棚上げされましたが、戦前の体制を破壊し、日本をアメリカに敵対しない国にしておくという方針は一貫していたと思います。

GHQに協力した日本人の存在

――アメリカは日本を軍国主義から解放し、民主化すると宣伝しましたが、実際には厳しい言論統制を敷いていました。

木村　ＧＨＱは、昭和二十年九月十九日に「プレス・コード（新聞規約）」を発令し、ＧＨＱや連合国を批判するような言論を事実上、禁じたのです。ただ、当初は原爆についての報道も許されていたのですが、終戦から一カ月後、「原爆投下は国際法違反であり、戦争犯罪だ」との鳩山一郎の発言を朝日新聞が掲載すると、ＧＨＱはそれを二日間の発行停止処分にしました。以降、ＧＨＱは原爆に対する報道を統制するようになりました。

一方、ＧＨＱは占領政策に最も抵抗するだろうと考えた政治家、職業軍人、右翼団体の人達を公職追放しました。追放された日本人は二十万人以上に上ります。

――しかもアメリカは、すでに戦時中から戦後の対日占領政策の準備を進め、日本人についての研究を進めていました。

木村　日本人の抵抗を受けずに占領政策の目的を達成するためには、日本人の行動についての理解が不可欠だと考えたからです。例えば、『菊と刀』で有名になった、文化人類学者のルース・ベネディクトは、アメリカの課報・プロパガンダ機関「戦時情報局」に招集され、昭和十七（一九四二）年から、対日戦争と戦後の対日占領政策に関わる意思決定を担当する日本班チーフに就いていました。『菊と刀』のもとになったのは、彼女が日本人の行動パターンについてまとめた報告書でした。

ＧＨＱによる占領政策がうまくいったのは、ＧＨＱ

に協力した大勢の日本人が存在したからでもあります。当時、外国語を話せる国立大学の教授たちは生活に困窮していました。彼らの多くはＧＨＱから報酬をもらい、占領軍の翻訳の仕事などをしていたのです。こうした人たちは、ＧＨＱに言いたいことがあっても口をつぐみ、ＧＨＱに協力せざるを得ませんでした。広島大学教授の雑賀忠義氏もその一人だったのだと思います。

―― 広島と長崎に原爆を落としたのは、トルーマン大統領をはじめとするアメリカの指導者たちです。

木村 原爆の威力を試す実験だった感は否めませんが、「フラ作戦」（Project Hula）によるソ連参戦への抑止が理由にあるでしょう。ですが、どんな理由があれ、投下の責任を厳しく追及するのが、日本人としての務めのはずです。ところが、雑賀氏が原爆死没者慰霊碑の碑文として撰文・揮毫したのは、「安らかに眠って下さい 過ちは 繰返しませぬから」という言葉だったのです。

これに対して、東京裁判の判事として戦勝国の報復裁判的な法的根拠を批判して被告人全員の無罪を主張したラダ・ビノード・パール博士は、昭和二十七年十一月に広島を訪れて、「過ちは 繰返しませぬ」の主語は日本人を指すことは明らかだとして、「誰が原爆を投下したのかは明らかだ」と批判しました。

―― アメリカの意図によって、わが国と近隣諸国の間の領土問題の火種が作られたという見方もあります。

木村 連合国側は、ポツダム宣言において、日本の主権は本州、北海道、九州、四国と連合国が決定する諸小島に局限すると決定し、連合国最高司令官覚書（SCAPIN）によって、日本政府に対し、政治上または行政上の権力の行使を停止すべき地域や、漁業など制限する区域を指令してきました。そして、竹島もまたそこに含まれることになったのです。

―― 一方、ロシアとの北方領土問題はヤルタ協定に起因しています。

木村 昭和二十年二月、アメリカのルーズベルト大統領、イギリスのチャーチル首相、ソ連のスターリン書記長がクリミア半島のヤルタで会談し、ソ連が日ソ中立条約を破棄して対日参戦する見返りに、日本領だった千島列島と南樺太をソ連に引き渡すという密約を交わしていたのです。

しかも、ヤルタ協定の直後、米ソは極秘軍事作戦を実施していました。アラスカのコールドベイで、ソ連軍の将兵一万五千名の上陸訓練が行われていたのです。これが、先ほど話した「フラ作戦」です。ソ連の北方領土上陸に際して、アメリカはレンドリース法で艦船もソ連に貸与していました。このフラ作戦の存在は、小代有希子日本大学教授の『1945 予定された敗戦 ソ連進攻と冷戦の到来』(人文書院)にも詳しく記述され、また戦後七十年に際し「北方領土遺産発掘・継承事業」に取り組んできた根室振興局北方領土対策課の手によっても明らかになりました。

親米反共から対米自立へ

――アメリカは一貫して日本の右派勢力を無力化しようとしてきたように見えます。

木村 民族派もまたアメリカの占領政策の中で生きていかなければなりませんでした。その中で、国体護持という目標を最優先し、反共に力点を置くことによってアメリカと歩調を合わせ、しかるべき時期が来れば、日本の自立を目指そうと考えた人もいるでしょう。しかし、アメリカに追従した結果、独立心と主権回復を後回しにしてしまったのかもしれません。

――こうした中で、反共右翼からの脱却を目指す「新右翼」が台頭しました。

木村 日本の戦後体制を克服していかなければならないという主張が少しずつ表に出てきました。日本の真の主権を回復するために、日米安保条約を破棄し、自主防衛に転換していかなければならないという主張が説かれるようになりました。しかし、米ソ冷戦時代には、「目に見える敵が存在する」という点で反共運動にはリアリティがあったのです。そのため、一九六〇年の安保改定頃までは、対米自立を主張する声は広がりませんでした。

それでも、戦前から愛国運動に挺身してきた人たちの中には、占領体制の打破を訴える声がありました。例えば、小島玄之さん(護国団顧問)は反共一辺倒だった民族派運動とは一線を画し、主要な敵は「占領政策」だとの立場をとっていました。全学連の樺美智子さんが警官隊との衝突で圧死した時にも、民族派陣営には様々な意見がありました。

昭和四十五（一九七〇）年に入ると、民族派学生団体の中から「核拡散防止条約批准阻止」を目指す運動が展開され、その頃から民族の生存をアメリカに依存していていいのかという声が少しずつ高まっていきました。やがて、「ヤルタ・ポツダム（ＹＰ）体制打破」がスローガンになりましたが、「祖国再建を阻んでいるのはＹＰ体制だ」と主張していたのは、平泉澄門下の田中卓先生です。

そして、昭和四十五年十一月の三島事件、昭和五十二年三月の経団連事件などによって、対米自立を求める「新右翼」運動が注目を集めるようになったのです。

鈴木邦男さんは、早稲田大学の学生時代に生長の家学生道場に入り、生長の家学生会全国総連合（生学連）の書記長を務めていました。当時鈴木さんは、ヤルタ・ポツダム体制の象徴の一つである占領憲法の解体を唱えていた、生長の家の谷口雅春先生の影響を強く受けていたのです。

米国に葬られた「樋口レポート」

――米ソ冷戦の終結は、日本外交を転換する絶好の機会でした。しかし、それを活かすことはできませんでした。

木村　ただ、冷戦終結後、新たな外交防衛政策を模索する動きはありました。例えば、平成六（一九九四）年に、冷戦後の国防を検討するために、細川護熙首相の私的な防衛問題懇談会が組織されました。座長を務めたのは、アサヒビールの樋口廣太郎会長です。同年四月、細川首相は退陣しましたが、懇談会がまとめた報告書『日本の安全保障と防衛のあり方』は、同年八月に村山富市首相に提出されました。

この樋口レポートには注目すべき点がいくつかありました。レポートには、アメリカの軍事的・経済的影響に組み込まれることなく、自立した日本の立場で軍縮に向かい、アジア諸国との協調を図るという考え方が示されていたのです。

レポートは「冷戦が終わり、かつての両超大国の影響力が相対的に後退するにつれて、若々しい活力に満ちたアジア諸国がより自主的な安全保障政策を追求し始めたとしても、不思議ではない」と述べ、多角的安全保障の必要性を訴えました。こうした考え方に危機感を抱いたアメリカは、樋口レポートを葬り、新たな日米同盟強化に舵を切ってきました。米軍のトランスフォーメーションです。その中心にいたのが、ジャパン・ハンドラーのジョセフ・ナイ国防次官補です。ナイらは一九九五年二月に「東アジア戦略報告」（ナイ・レポート）を作成し、米軍の補完的勢力として自衛隊をグローバルに展開していくという路線を推進したのです。こうして日米の軍事的一体化が急速に進展していきました。

――自主的な外交を展開しようとしたわが国の指導者たちは、アメリカに潰されてきました。

木村　日中国交正常化を実現した田中角栄総理は、キッシンジャーの逆鱗にふれ、ロッキード事件で失脚しました。橋本龍太郎総理もアメリカから快く思われていなかったと言われています。橋本総理は、クリントン政権時代に通産大臣として、ミッキー・カンター米通商代表とタフな通商交渉を展開していました。彼は、メディアの前で「我々はアメリカの法律に従って交渉するのではない。世界的なルールの中で、誰が見てもおかしくない話し合いをしたい」と公正、公平を求める発言をしました。

最近では、鳩山由紀夫政権も外務官僚の文書捏造によって倒されています。普天間基地の移設について「最低でも県外」という公約を実現するため、鳩山総理は徳之島への移設を模索していました。ところが、平成二十二（二〇一〇）年四月十九日に、鳩山総理のもとに、外務省が作成した「極秘文書」と押印された文書が届けられたのです。

文書には、米軍マニュアルにはヘリ基地と訓練場との距離は「六十五海里（約百二十キロ）以内」との基準が明記されていると書かれていたのです。つまり、徳之島は移設先として条件を満たしていないということになります。この文書を受け取った鳩山総理は県外移設を断念せざるを得なかったのです。そして、あの「抑止力が……」との発言にいたります。ところが、時の政権の最重要課題を左右し、首相退陣の引き金となったこの文書は、官僚による捏造だった可能性が極めて濃厚なのです。

米国のイラク侵略を支持した言論人たち

――日本の「親米保守派」は一貫して対米追従外交に賛同してきました。

木村　平成十五（二〇〇三）年三月、アメリカのブッシュ政権は、イラクが「大量破壊兵器」を保有しているとして同国に侵攻しました。当時の小泉政権はアメリカの行動を支持しました。

この時、日本のほとんどの保守派論客が小泉政権の決断を支持しました。私は、「イラクは大量破壊兵器を保有していない」と朝生テレビでも主張し、アメリカの侵略戦争に断固抗議する姿勢を示しました。しかし、「木村はとんでもないことを言っている」と同調圧力でバッシングを受けました。

結果は、イラクが大量破壊兵器を保有していなかったことが明らかになりました。西部邁さんや小林よしのりさんも、私と同様の主張を展開していました。当時、アメリカのイラク侵攻を支持した日本の言論人は、デタラメ発言の責任を認識してきちんとけじめをつけるべきでしょうね。

私は、ロシアのウクライナ侵攻に対するメディアや言論人の立場にも強い疑問を感じています。戦争勃発当初は、アメリカのプロパガンダに乗せられ、日本のメディアは一斉にウクライナ寄りの報道をしました。私は当初から、ロシアの論理についても理解を示し、ウクライナ寄りの報道に異を唱えていましたが、いまやフランスの歴史人口学者のエマニュエル・トッドさんとジャーナリストの池上彰さんが『問題はロシアより、むしろアメリカだ』（朝日新書）を刊行するなど、状況は大きく変化しています。

――一水会は、ヨーロッパの愛国勢力とも積極的に交流してきました。

木村　二〇一〇年八月には、「世界愛国者会議東京大会」を開き、当時のフランス国民戦線党首のジャン・マリー・ルペン氏をはじめ、八カ国二十人の国会議員、欧州議員、政党人を招きました。最近でも、私が交流を深め連帯をしているマリーヌ・ルペン氏がフランス大統領になる日を待ち望んでいます。私は、マリーヌ氏の主張をまとめた『自由なフランスを取り戻す』（花伝社）も刊行しました。

ヨーロッパの愛国者と接して感じたのは、アメリカを恐れず、自分たちの考え方を明確に主張しているということです。フランスに限らず、ベルギーやオーストリアの愛国者たちも自らの主張を明確にし、国民の支持を獲得しています。しかも、ヨーロッパの愛国者には親ロシアの姿勢をとる人が少なくありません。世界支配の構造原理をわかっているからでしょう。メディアからの批判も、誰がそれをやらせているかわかっているのです。

——現在、保守派メディアは対中脅威論一色に染まっています。

木村　このような状況に危惧を抱いています。アメリカには、台頭する中国に自らの覇権を奪われないように、中国と日本をぶつけようという思惑があると思います。それに乗せられてはいけません。日本はいまこそ外交的知恵を絞って日中間の対話を進める必要があります。

ところが、外務省北米局がアメリカ国務省の出先機関になっていて、対米外交の基軸だけで、主体的に動こうとしません。それぞれの国にはそれぞれの国益・国是があります。わが国には、損得だけでない「和を以て貴しとなす」の大和の精神があります。「地政学的役割、歴史的使命、世界貢献」を示していくべきです。

〝国上の奸〟を是正させ日米合同委員会の協議内容の国会開示を

——一水会は一貫して対米自立を主張し、日米地位協定を厳しく批判してきました。

木村　沖縄などで米兵による凶悪犯罪が繰り返されてきたのは、米兵に対する日本の捜査権、裁判権が著しく制限されているからです。

主権国家として極めて重要な出入国管理も、地位協定によって侵害されています。トランプ前大統領に続き、バイデン大統領が米軍横田基地から日本に入国することが罷り通る状況になっています。しかも、日本政府は米軍関係者が日本に何人入国しているかさえ把握できないのです。地位協定第九条には「合衆国軍隊の構成員は、旅券及び査証に関する日本国の法令の適用から除外される」と規定されているからです。私は、まずこの第九条の改正に手をつけるべきだと訴えています。

―― さらに、日本の航空機が日本の空を自由に飛ぶことさえできない状況にあります。

木村 米軍横田基地や米軍厚木基地に離着陸する米軍機などを管制する「横田空域」は、米軍が管理しているからです。その範囲は、東京、埼玉、群馬、栃木、神奈川、福島、新潟、長野、山梨、静岡の一都九県にまたがっています。

「横田空域」をはじめ、米軍の特権は日米合同委員会の合意によって定められています。ところが、合同委員会での合意事項は日米双方に拘束力を持つにもかかわらず、協議は非公開で、その内容は日米双方の合意がなければ公表されず国会への報告も行われていません。だからこそ、合同委員会は運用の改善と称して国民に知られたくない日米の「密約」を結ぶ場として機能しているのです。まず、合同委員会の協議内容を国会にきちんと報告させるところから始める必要があります。そうでないと、日本の主権の及ばない〝国上の奸〟として存在し続けることになります。

―― 対米従属派に対抗するためには何が必要ですか。

木村 対米自立の主張を発信し続けると同時に、そうした問題意識を持っている人々と連帯する必要があります。我々が四十年ぐらい前に対米自立を主張し始めたときと比較して、対米自立という考え方を共有できる人は確実に増えてきています。

運動家だけではなく、アカデミズム、ジャーナリズム、国会、地方議会などにも働きかけを強め、対米自立のうねりを拡げていかなければなりません。さらに、国内に限らず、アメリカの人々とも議論していく必要があります。

世界百五十九カ国、七百五十カ所に米軍基地があり、十七万三千人の米軍人・軍属が派遣されています。これらをすべて引き揚げさせるというロバート・ケネディ・Jrの主張には大いに賛成です。米軍は世界秩序を守る警察官でもないのです。軍を派遣しているから国際的なルールの例外規定が許されるというものではなく、アメリカの既得権益を公平、公正な利益均衡システムに転換させるべきです。その意味でも、世界の人々との意見交換は必須なのです。

（聞き手・構成　坪内隆彦）

今も続くＧＨＱの日本占領
吉田茂の虚構

情報戦略アナリスト　山岡鉄秀

継続された占領状態

数年前、占領期にＧＨＱが二度と日本人が立ち直れないように様々な洗脳工作を行い、特に日本人が先の大戦について罪悪感を覚えるように仕向ける工作があったことが話題になった。その工作がWar Guilt Information Program（ＷＧＩＰ）と呼ばれることは噂されていたが、それが実在したことが一次資料で確認できたとして一大ニュースとなった。

これは、江藤淳による「閉ざされた言語空間」で検証された、占領軍の検閲による日本文化・思想破壊工作の延長であるが、衝撃的であると共に、日本人の占領政策に対する認識を新たにしたと言える。今日の軸のない日本人の在り方や、左翼的思想の跋扈する日本社会の在り方の原因が占領政策に遡れることに日本人はやっと気が付いた。それまでは、ソ連に占領されるよりはずっとましだった、アメリカの占領は人道的で優しかったといった程度の認識が大半を占めていたことを考えれば大きな進歩だったと言える。

しかし、ＧＨＱの占領計画はさらに巧妙であり、日本人が気付いたのはまだほんの一部だった。一番大きなところがすっぽりと抜け落ちていたのだ。それは、１９５２年における日本の主権回復と独立が、実は名目的なものに過ぎず、その後も占領状態がずっと続いているという厳然たる事実なのである。日本人は完全に騙されていた。そして、積極的に日本の独立を売り渡した日本人がいた。その現実をまだ多くの日本人は受け止められていない。

1951年9月7日、翌日に講和条約調印式を控えた吉田茂とその一行は、日米安保条約がいつどこで調印されるのか、まだ知らずにいた。講和条約と同時に結ばれるであろう日米安保条約について、吉田は国内で議論されることを避け続けた。質問されても「まだ交渉中だ」と言って逃げた。それは、日米安保条約がなんであるか、吉田は知っていたからだ。

9月7日の午後11時になって、アメリカ側から日米安保条約調印を翌日、つまり、講和条約調印と同日に行いたいと言って来た。それでも何時にどこでするかは伝えられなかった。これは、条約調印という国家間の外交行為としては異常なことである。結局、翌日8日、講和条約調印式が無事に終わり、時計が正午を指す頃に、アメリカ側から次の連絡が入った。夕方の5時に米第6兵団プレシディオで調印したいというのである。プレシディオとは、サンフランシスコ郊外のプレシディオ国立公園内部、陸軍施設があるエリアのことである。

講和条約が結ばれた華やかなウオーメモリアル・オペラハウスとは対照的な、下士官用クラブハウスの一室に吉田は池田勇人だけを伴って赴いた。そして、「この条約は評判が悪いから」と言って、自分ひとりだけで署名したのが日米安保条約であった。なぜ、安保条約調印はこのように秘匿されたのか?なぜ吉田茂は自分ひとりだけで署名することを選んだのか?その理由をほとんどの日本人は知らない。

安保条約を締結すれば「暗殺されることは確実だ」

日本人の多くは、日米安保条約はアメリカが日本を守ることを約束した条約だと思い込んでいる。日本人のお人好しを通り越した間抜けさにマッカーサーも苦笑いしたことだろう。

日米安保条約の生みの親と言われるジョン・フォスター・ダレスは日米安保条約の目的についてこう明言した。

「望む数の兵力を望む場所に望む期間だけ駐留させる権利を確保する」

また、ダレスの部下で、後に駐日大使になるジョン・ムーア・アリソンはこう言った。

吉田茂（左）とジョン・フォスター・ダレス

「もし本当に安保条約が締結されたら、日本代表団の少なくともひとりは、帰国後暗殺されることは確実だ」

後ろめたいからこそ、アメリカ側は日米安保条約の全文を調印の2時間前まで公表せず、調印される時間と場所も最後の最後まで明かさなかった。その理由は、日米安保条約とはサンフランシスコ講和条約による日本の主権回復と独立を骨抜きにし、占領状態と米軍の特権をそのまま継続することが目的だったからである。

当時の国際法上の常識において、占領が終了すれば占領軍は撤退するのが当然だった。それはサンフランシスコ講和条約にも、日本が受け入れたポツダム宣言にも明記されていた。しかし、既に朝鮮戦争が勃発し、共産主義との対決が決定的となるにつれて、米軍にとって最前線の日本から撤退するのはあり得ないことだった。また、日本にとっても、武装解除された状態で米軍が撤退し、軍事的空白となることは、日本が再び戦場になりかねない危険なことであり、昭和天皇もこの点を憂慮した。

両者の思惑が一致する解決策は米軍の駐留延長だった。しかし、それは期間限定、所在限定など、日本が独立に必要な再軍備を完了するまでの暫定的な措置とするのが常識であった。ところが、吉田茂が望んだのは、無条件、無期限の占領継続だった。たとえ隣国で大戦争が勃発しようとも、たとえアメリカに要求されようとも、吉田は日本軍の復活を避け、米軍による占領継続を望んだ。アメリカはこのような吉田を徹底的に利用し、常識はずれの占領継続を実現した。こんなことがばれたらイギリスにすら批判されかねない。だからアメリカは最後の最後まで秘匿したかった。吉田はそれを知っていたから自分ひとりで署名した。

しかし、日米安保条約の条文を読んだだけでは、サンフランシスコ講和条約による日本の主権回復と独立が完全に骨抜きにされたことはわからない。わからないように仕組まれているからだ。

日米安保条約第３条には、細目決定は両国間の行政協定による、と短く書いてある。つまり、実際の運用は、国会の審議を経ない協定レベルで決めるということだ。行政協定は、１９５２年2月28日に東京で岡崎勝男とディーン・ラスクによって署名され、同年4月28日に講和条約と同時に発効した。実はこの協定こそが日米安保条約の本質を詰め込んだものであった。そこには、「占領期から米軍などにより接収されていた区域や施設などについて、特段の取り決めがなされない限り合意がなくてもそのまま米軍が利用できる」と書いてあった。これを占領継続と呼ばずになんと呼ぶのか？

現在もアメリカの属国だという事実

行政協定はその後、１９６０年の安保改定の際に日米地位協定と名称を変えて今日に至るが、その本質は不変である。そこに書かれ、合意されているのは米軍の特権である。米軍兵士が日本で罪を犯しても起訴するまで逮捕拘束できないのも、米軍がいつどこでも望む訓練が実施できるのも、米軍関係者は日本入国にビザもパスポートも不要で税関と検疫が適用されないのも、全てこの協定に根拠がある。つまり、米軍にとって日本とは国境がない、内部化された植民地なのである。アメリカの大統領が直接横田基地に乗り込み、六本木の米軍施設に移動できるのもそれ故である。

さらに、驚くべきは、日本の首都上空が米軍に支配されているという現実である。横田基地が管理するいわゆる横田空域は、新潟県まで含む1都9県にまたがる、約２５００メートルから最高約７０００メートルの階段状の巨大空域だ。今も米軍の管制下で、日本の民間航空機はこの空域を飛べない。そのため、西日本方面に飛ぶ日本の民間航空機はこの空域を大きく迂回せねばならず、余分な飛行距離と燃料消費を強いられることになる。このような空域は岩国基地と沖縄の上空にも存在する。

さらに、常時固定されておらず、随時設定される制限空域も存在する。国土交通省航空局の航空管制機関

日米合同委員会が開催されるニュー山王ホテル

が米軍の要請を受けて、一定の空域を一定の期間、航空管制上の通知でブロックして、米軍機以外の民間航空機などの飛行を禁じ、米軍専用の空域とするものである、日本の民間航空機は、たとえ雷雲を回避する目的でも制限空域を飛行できない。損傷を覚悟で雷雲に突っ込まなければならない。制限空域に関する情報は非公開で航空路図にも非記載なので、幻の空域と呼ばれている。

　このような具体的な運用を巡っては、定期的に話し合われ、合意される必要がある。そのための仕組みが、日米合同会議である。日米合同会議とは、在日米軍の幹部と、日本の高級官僚が定期的に開催する会議で、その議事録も決定事項も公表されない秘密会議である。その実態は、国会議員はおろか、総理大臣も知らないとされる。民間団体が裁判を通じて情報開示を求めても拒否される。その根拠は、日米のいずれかが合意しなければ、会議の内容は公表しないとする合意事項があるからだという。日本という国は政治家ではなく、官僚が動かしていると言われるが、その官僚は密約に基づいて米軍の方を向いて仕事をしているのだ。ある自衛隊幹部ＯＢが私に「日本は、昼間は日本政府が統治しているが、夜は米軍が統治している二重統治なんですよ」と言った意味がこれだったのだ。

　このように、日本は戦後一貫して米軍に支配されており、それは１９５２年以降も変わらないのである。その事実を自覚しない日本人は、経済に専念すればよいと信じ、日本は平和国家だと信じて、自分たちが属国にされていることも知らずに生きて来た。アメリカの言うことをきかない政治家は長続きしないことを薄々感じながら、気づかないふりをしてきた。マッカーサーが米国議会で、日本人の精神年齢は12歳だと言い、回顧録で、日本人ほど完全に屈服した国民はいないと書いたのはこれ故だったのだ。

日本人の目から、この惨めな現実を覆い隠す役割を果たしてきたのが、吉田茂がＧＨＱやマッカーサーと互角に渡り合って、軽武装経済重視路線で日本を経済大国としての復活に導いたとする吉田ドクトリン伝説である。日本の経済復興は、朝鮮戦争とベトナム戦争の特需を受けて、軍需産業を中心になされたのであって、吉田の再軍備拒否とは関係ない。吉田は、世界的にも例を見ない完全屈服主義でサンフランシスコ講和条約を骨抜きにし、アメリカの占領永久継続を望むことで、日本を米国の属国として差し出したのだ。それが吉田ドクトリンの現実である。

エマニュエル大使（左）と岸田総理

マッカーサーがトルーマン大統領に罷免されて日本を去ったとき、吉田は以下の手紙を書いてマッカーサーに送った。

「あなたが、我々の地から慌ただしく、何等の前触れもなく出発されるのを見て、私がどれだけ衝撃を受けたか、どれだけ悲しんだか、あなたに告げる言葉もありません」

今日、岸田文雄首相がラーム・エマニュエル駐日米国大使の言いなりになり、ルールを無視してまでＬＧＢＴ理解増進法を強引に通し、日本国民に対しては無慈悲に増税しながら、海外に血税をばら撒く姿に多くの国民が失望し、批判の声が高まっている。

しかし、日本人が知るべきは、エマニュエル大使に平身低頭する岸田文雄の姿は、かつて、マッカーサーに平身低頭して隷属し、日本の独立を骨抜きにすることを知りながら日米安保条約に一人で署名した吉田茂の再来だということなのだ。岸田は日本が完全に属国であり、逆らいようがないことを悟ったのだろう。それが終戦78年目の日本の現実なのだ。

GHQの家族解体工作

本誌発行人　折本龍則

占領者の横暴

今年も78回目の終戦記念日を迎えた。まもなく戦後80年の節目を迎えようとしているが、我が国はいまだに戦後の占領体制から脱却できていない。

よく我が国は先の大戦で無条件降伏したといわれるが、我が国は米英支から発せられた降伏条件であるポツダム宣言を「国体を護持しうる」という条件のもとに受諾したのであって、決して無条件で受け入れたのではない。事実ポツダム宣言は第13条で「全日本軍隊の無条件降伏」を勧告しているのであって、天皇を戴く「日本政府の無条件降伏」を求めているのではない。しかしながら、このポツダム宣言の解釈をめぐっては、当時の政府や軍部も意見が分かれ、この条件では国体を護れないと危惧した近衛師団や陸軍省の将校たちが聖戦の継続を主張して「宮城事件」と呼ばれるクーデター未遂事件を起こしたりもした。彼ら将校たちの危惧は決して杞憂ではなく、戦後我が国を6年8カ月にわたって占領統治したマッカーサー元帥率いるGHQは、日本軍隊の武装解除を実行しただけでなく、「民主化」と称して我が国の国体の根幹にかかわる占領改革を推し進めたのである。

その最たる例が、いうまでもなく新憲法の制定であった。この憲法が、幣原喜重郎内閣のもとで憲法調査会の委員長を務めた松本烝治国務大臣が提示した憲法改正案（松本案）が却下されて以降は、GHQ民政局が起草した草案を翻訳して制定したものであることはもはや周知の事実である。その際、国体護持を念願する日本政府や国会が重大な関心を示したのは、天皇にまつわる条項とともに家族や婚姻について規定した条項であった。なぜならば彼らは、我が国の家父長的な「家」制度こそが、皇室を中心とした家族国家である我が国の国体の根幹をなすと考えていたからである。

家族国家としての国体

昭和12(1937)年に文部省が発行した『国体の本義』は、官製国体論として悪名高いが、官僚的な簡潔な筆致で我が国の家族国体を「忠孝一致」として次のように言い表している。「我が国の孝は、人倫自然の関係を更に高めて、よく国体に合致するところに真の特色が存する。我が国は一大家族国家であつて、皇室は臣民の宗家にましまし、国家生活の中心であらせられる。臣民は祖先に対する敬慕の情を以て、宗家たる皇室を崇敬し奉り、天皇は臣民を赤子として愛しみ給ふのである。」つまり、天皇は国民の主君であると同時に皇室は国民の総本家であるのに対して、国民は天皇の臣下であると同時に皇室の分家である。ここに我が国においては君臣が家族的結合のもとに一体となり忠孝一致の国体が実現するのである。こうした考えに基づき、明治政府は大日本帝国憲法では家族制度に関する明文規定はしなかったが、民法や戸籍法において、婚姻や戸籍、財産や家督相続に関する「戸主権」に基づいた家父長的家族制度を規定したのである。

したがって、こうした伝統的な家族制度は、占領下の政府や国会においても国体の根幹に直結する問題として重要視されていたのである。このことは、昭和21年6月26日の帝国議会において、吉田茂内閣の改憲案に対して日本進歩党の原夫次郎衆議院議員が行った次の質問にも明らかである。

「草案第三章、国民の権利義務の章下に於きまして、第二十二条に於て我が国の今後の家族制度の問題につき、あるいは婚姻の問題、あるいは相続の問題、色々の問題につきまして、更に法律を制定すると云うことになって居るのであります。ところが我が国の家族制度なるものは、私が講釈するまでもなく、我が国の家族制度と天皇制とは非常に密接なる関係のある従来の旧慣制度でありまして、端的に申しますならば、我々は常にこの点について考へる所は、我が国の家族制度なるものは、これは我が国のいわゆる神ながらの道とも申しましょうか、これはほとんど開闢以来の一つの制度であったろうと思うのであります。すなわち我が国の家族制度あって、この日本国の家族から天皇陛下の御膝元に大道が通じておるものと我々はかねがね信じておるのであります。この家族制度あるがために、我が国のこれまでの文化の発達、あるいは家庭教育の点、色々な点に於て非常に役立って、また発展し来っておる所でありまして、いわゆる君臣一如あるいは一君万民、これ等の政治対象の要は、結局この家族制度と密接な関係があるのであります。私がここに尋ねんとする家族制度の問題は、二十二条に規定致してある全部を申すのではないのでありまして、その家族制度の中の、我国のこれまで伝統的に参っている家督相続の問題、第二には戸主権の問題であります。この点につきまして今後特別なる法律が出るという規定もあるのでありますが、まず総理大臣にこの我が国の家族制度についての大体の所見を承りたいと存ずるのであります。」

ここでいう「第22条」とは、婚姻に関する個人の尊厳と両性の平等を定めた現在の24条を指している。質問当時はＧＨＱによる公職追放が行われていた最中であり、国会議員はＧＨＱにとって都合の良い人物しかなれなかった。しかも国会での審議はＧＨＱや極東委員会に逐一報告され監視されていたのである。そうした中でも、天皇と家族制度の密接不可分なる関係が強調され、22条が戸主権や家督相続など我が国の伝統的な家族制度の否定につながるのではないかとの危惧が表明されているのは、いかに当時この問題に関する世論の関心が高かったかを推知させる。

これに対する吉田首相の答弁は以下のようなものであった。

「次に家族制度についての御質問であります。改正案第二十二条第二項に於きまして、財産権、相続、家族に関するその他の条項が規定してございますが、これは個人の権威と両性の本質的平等に立脚する旨を制定しておって、その目指す所はいわゆる封建的遺制と考えらるる、あるいは封建的遺制と解せらるるものを払拭することが主眼であります。したがって戸主権、家族、相続等の否認は致しませぬ。したがってその主眼の下に主として規定されておるのであります。日本の家族制度、日本の家督相続等は日本固有の一種の良風美俗であります。この点については特に何等規定しておりませぬが、今議会に於て各位の御議論、委員会等の御意見を十分に参酌致しまして適当に改廃を行う考えであります。」

婚姻を個人の尊厳（自己決定）と両性の平等に委ねるということは、戸主権の否定を意味する。しかしながら吉田首相は同条の下でも戸主権や家督相続は「日本固有の良風美俗」として存続しうると嘯いているのである。しかも吉田は、この改正案がＧＨＱ草案に基づくことをマッカーサーに頼んで隠ぺいしようとした。まさに因循姑息な態度と言わざるをえない。

チャールズ・ケーディス

民政局員たちの暗躍

一方のＧＨＱはどうだったのか。和田幹彦法政大教授が民政局のナンバー2であったチャールズ・ケーディス元次長に対して行ったインタビュー（１９９３）において、「家」制度と天皇制の連関に関するＧＨＱ内部の理解について問うたのに対して、ケーディスは「天皇制と「家」制度の関係の問題は、私は知っていた。日本人の間では、天皇制と「家」制度の関係につき、大議論が行われていたし、そのことも知っていた。しかし、ＧＨＱではそうした大議論はなかった。この関係は、オプラーにとっては自分の担当問題であったから、彼は当然関心があり、これについて発言したこともあるかもしれない。……民政局のメモランダムで、天皇制・国体に関するもので、一つだけ私が思い出せ

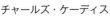

るのは、宮沢［俊義］教授からオプラーに宛てた書簡についてのものだ。書簡は、「我々は国体について心配している（We've worried about kokutai.）」という内容であったが、これに対し、「国体について心配する必要はない。なぜなら、日本がポツダム宣言を受諾したときに、国体は終焉をみたのだから。」という内容で、メモランダムを残している。」と述べている（『法学志林』第九十四巻第二号）。ここで出てくるオプラーという人物は、アルフレッド・オプラーというユダヤ人法律家のことで、戦後、大陸法の専門家として民政局に雇われ、民法や戸籍法の改正を担当した。彼ら民政局のメンバーは、個人の尊厳と両性の平等を定めた家族条項のもとで明治以降の戸主権に基づく民法や戸籍法を改正し、我が国の国体の根幹である「家」制度の改廃を強行したのである。

一般に、現在の24条を起草したのは、ベアテ・シロタ・ゴードンという女性であると言われている。シロタは、キエフ出身のユダヤ人ピアニストを父に持つフェミニストであり、5歳から15歳までの幼少期を日本で過ごした。戦後民政局政党課に配属されたが、46年の2月に民政局長のホイットニーが急遽憲法案の起草を命じると人権班に割り振られ大急ぎで人権条項の起草にあたった。そのときシロタが記した家族条項（現在の24条）の第一稿は、「家族は人類社会の基礎であり、その伝統は善きにつけ悪しきにつけ国全体に浸透する。それ故、婚姻と家族とは、法の保護を受ける。（略）両性が法律的にも社会的にも平等であることは当然である」となっていたが、これはワイマール憲法119条のコピーであった。シロタは、当時若干22歳であり憲法学の知識は皆無であった。しかもわずか数日間と

ベアテ・シロタ・ゴードン

いう起草の時間的制約のなかで、米国憲法の他にソビエト憲法やワイマール憲法を切り貼りして無理やり草案を書いたのである。

もっとも、高尾栄司氏著『日本国憲法の真実』（幻冬舎）によると、実際に女性の権利（両性の平等）条項を起草したのはシロタの上司で民政局政党課長、憲法起草人権班長でもあったピーター・ルーストという人物であったという。シロタは日本語が話せないルーストの通訳に過ぎなかった。

このルーストという男は、文化人類学者、社会学者、政治学者、医学者であると同時に、神智学という神秘主義的な新興宗教の教導師という別の顔を持っていた。高尾氏著によると神智学とは「キリスト教や仏教、イスラム教という諸宗教はあくまで手段と捉え、人間を神とする……そこから派生する人間社会では、男女間の垣根が取り払われ、女性の権利を唱えるフェミニズムが起こり、家族の中では親子という関係もなくなり、同性婚も認められ、愛国という言葉も消滅する。このような信仰を説く神智学指導者ルーストは、さらに性別、単体の国家を否定し、国籍などを超えた人類愛を唱え、地球上に新世界宗教に基づく新世界政府を創設するという夢のような世界観を抱きながらＧＨＱ民政局での幹部として働いていた」（上掲書）という。ルーストは、同じ神智学の信者であった妻のジーンから、彼女の母がシングルマザーで苦労したので「女性の権利」条項を入れるように求められたのだという。

このように、現在の24条が成立した背景には、国家や家族を否定し、我が国の家族制度に基づいた国体を根底から破壊する思想を持った民政局員たちが暗躍していた事実を忘れてはならない。

さらには、先般エマニュエル米国大使の内政干渉によって成立したＬＧＢＴ理解増進法は、24条の思想的、論理的帰結とも言い得る。何故ならば、家族を形成する婚姻や戸籍、相続を個人の意思や平等原則に委ねる考え方が、究極的には、性別（性自認）や婚姻後の姓を個人の自己決定に委ねる思想に繋がるからである。我々が廃れゆく国家を再建できるかどうかは、ＧＨＱによって奪われた伝統的家族を基調とした国体を取り戻せるかどうかにかかっている。

今こそ対米自立の言語空間を構築せよ

哲学者
山崎行太郎

戦後的な言語空間への違和感

——いまなお、日本の言語空間はアメリカに支配されているという見方もあります。GHQの検閲がいかなるものであり、その後の日本人にどのような影響を与えたのかを改めて考える必要があります。その際、先駆的な研究として、江藤淳の『閉ざされた言語空間』が挙げられます。

山崎　同書は、『諸君!』昭和五十七（一九八二）年二月号に載った「アメリカは日本での検閲をいかに準備したか」以来の江藤淳の連載をまとめたものです。『閉ざされた言語空間』の偉大な業績は、米占領軍による日本の新聞を中心としたマスコミへの「発禁・検閲」という占領政策の一環としての情報工作、つまり「言論表現の自由」を奪うという歴史的事実があったということを、アメリカ本国に残された史料を調査・分析することによって実証的に明らかにしたことだけではありません。もっと重大な業績は、米占領軍の発禁・検閲が、あたかも発禁・検閲という事実がなかったかのような装いのもとに、つまり言論表現の自由が確保されているかのような装いのもとに行われたという事実を指摘したところにあります。さらに言うなら、その「閉ざされた言語空間」の形成に、東大法学部の教授たちを中心に、学者、言論人たちが、多数、協力者としていたことを、江藤が気づいていたことです。江藤の、論壇での孤立だけではなく保守論壇での孤立と、その後の過激な論争は、そこから始まります。

ところで、福田恆存は、「そんなことは、もう既に自分がやっている。何故、アメリカまで行く必要があるのか」と批判しました。そこが、同じ保守系の文芸評論家と思われていますが、江藤淳と福田恆存とが、決定的に違うところです。福田は、思いつきやひらめきは素晴らしいが、その思考は、概念的、図式的、つまりイデオロギー的です。が、江藤は、思いつきの理論や知識に満足せず、学問的批判にも対抗できるように、実証的な資料分析も柔軟、且つ綿密に行うような、そういう存在論的思考の人です。

江藤淳が、ＧＨＱの検閲について調査しようと考えた直接的なきっかけは、自らが存在している日本の言語空間への違和感です。江藤は昭和四十四年暮から昭和五十三年の晩秋まで、毎月『毎日新聞』の文芸時評を書いていましたが、その時に言語空間が閉ざされていることを実感したのです。江藤は次のように書いています。

「……雑誌に発表された文芸作品を読みながら、私は、自分たちがそのなかで呼吸しているはずの言語空間が、奇妙に閉され、かつ奇妙に拘束されているというもどかしさを、感じないわけにはいかなかった」

やがて江藤はＧＨＱが行った検閲について、一次史料に即して、自分の手で解明するしかないと考え、昭和五十四年秋から昭和五十五年春にかけて、アメリカに滞在し史料の調査を進めたのです。

『閉ざされた言語空間』で江藤は、次のように指摘しています。

〈戦前、戦中の「出版法」「新聞紙法」「言論集会結社等臨時取締法」などによる検閲は、いずれも法律によって明示されていた検閲であり、被検閲者も国民もともに検閲者が誰であるかをよく知っていた。タブーに触れないことを意図していたのである。しかし、アメリカの検閲は、隠されて検閲が実施されているというタブーに、マスコミを共犯関係として誘い込むことで、アメリカの意思を広めることを意図していた〉

――『閉ざされた言語空間』は、初めてＷＧＩＰ（War Guilt Information Program）の存在を指摘しました。

山崎　その後、多くの「保守派言論人」がＷＧＩＰについて指摘するようになりました。ネットウヨたちもまた、占領政策批判を展開しており、彼らの主張が、思想的にも『閉ざされた言語空間』の著者である江藤淳に繋がっていることは明らかです。ところが、ネットウヨと言われている人たちの多くは、江藤淳についてあまり語りません。江藤淳の「占領研究」や「憲法論」も、あるいは「無条件降伏論争」も、単純素朴なものではなく、おそらくネットウヨの連中には手に負えないのでしょう。ネットウヨの連中は、結果だけをキャッチフレーズとして受け取り、それがどのようなプロセスを経て導かれたものかを無視して、素朴にキャッチフレーズとして繰り返しているだけなのです。

一見すると、江藤淳の言っていることと、ネットウヨ連中の言っていることは、同じように見えます。しかし、決定的に何かが違っています。それは、自分で「問題」を見出し、自分で考え、自分で調査し、自分で分析していく人間（江藤淳）と、「問題」の結論だけを横取り、模倣し、自説のごとく振り回すパクリ野郎（ネットウヨ）との違いです。

「アメリカ帰りの反米主義者」

――江藤は昭和三十七（一九六二）年、プリンストン大学に留学しています。このアメリカ留学によって江藤は反米的になったのでしょうか。

山崎　留学一年目をすぎて二年目になると、江藤淳は、プリンストン大学の大学教員として採用されています。江藤が大学の講義に全力投球し、学生たちの注目を集めたことは、想像に難くありません。そのままアメリカ生活を続ければ、江藤なら、アメリカの名門大学の教授として生きていくことも、不可能ではなかったでしょう。しかし、江藤は帰国しました。日本に帰れば、大学教員のような定職が保証されているわけではなく、「浮き草稼業」のような文筆稼業が待っているだけでした。それでも、江藤淳は帰国を選択しましたのです。ここに「反米愛国主義者」としての江藤淳がいるのです。江藤淳の「反米愛国主義」は思想（イデオロギー）ではなく、生き方であり、生活なのです。つまり、私の言葉で言い換えれば、「存在論的」です。

森鷗外がドイツ留学から帰国した時のことを回想した短編小説『妄想』に、「洋行帰りの保守主義者」という言葉が出てきますが、江藤淳もまた、「洋行帰りの保守主義者」だったのです。厳密に言うと、「アメリカ帰りの反米主義者」でした。そこが普通のアメリカ留学組と決定的に違うところです。多くの留学組は、親米主義になり、日米同盟支持者になります。つまり、親米的な、日米同盟支持の「ネットウヨ」的な保守主義者とは、似ても似つかぬ保守主義者だったのです。

「私を語らずして、天下国家を語るなかれ」

――江藤が本格的なアメリカ批判を展開するようになるまで、かなりの時間が経っています。

山崎　江藤は昭和四十八（一九七三）年に『一族再会』を書き、一族のさまざまな生き方、在り方を、時代、社会、歴史とのかかわりにおいて捉えようとしました。そして、江藤は、江藤家（江頭家）という海軍軍人一族の没落と「日本の敗戦」、つまり「日本の没落」を、重ねて描いているのです。つまり、江藤家（江頭家）の没落が日本の敗戦を象徴しているかのように描いています。江藤は、「日本の敗戦」と「日本の没落」を、抽象的な一般論としてではなく、身内の生々しい現実問題として語ろうとしているのです。たとえば、江藤は、敗戦の日、八月十五日のことを、祖母の言葉を通して描いているのです。江藤が伝えたかったのは、「私を語らずして、天下国家を語るなかれ」ということだったのだと思います。

たとえば、丸山眞男やその一派は、日本の敗戦を分析して、戦前を軍国主義や天皇制ファシズムの支配した反近代的で、非合理主義で、野蛮な時代として描き出し、徹底的に批判しました。しかし、彼等は、「私」や私の父や母、あるいは祖父や祖母などについて語っていません。彼等は、戦時中、何をしていたのかという問題について語っていません。多くは戦争協力者、もしくは戦争支持者だったはずですが、それを隠して、反戦平和主義者のフリをしていす。

つまり、私は丸山眞男らの正しい政治学や政治史研究が、どことなく空々しく、空虚で、信用出来ないと思うのです。そこには、私の問題、一族の問題、つまり存在論がないのです。福沢諭吉は「立国は私なり」と言っていますが、まさしく江藤淳は、「私」の問題から出発して、現在まで続く米軍主導の「閉ざされて言語空間」を、指摘・告発したのです。

（聞き手・構成　坪内隆彦）

「神道指令」と占領政策 その亡霊を退散させるには

神社本庁参事 稲 貴夫

「神道指令」の発令

神道指令は、昭和二十年十二月十五日に発令されました。正式名称は、「国家神道、神社神道ニ対スル政府ノ保証、支援、保全、監督並ニ弘布ノ廃止ニ関スル件」（連合国軍最高司令官総司令部参謀副官発第三号・終戦連絡中央事務局経由日本政府ニ対スル覚書）であり、その内容は、次の四つに分かれてゐます。

① 発令に至つた経緯と共に、この指令により禁止や撤廃される事項を十三項目提示

② 指令の目的や範囲とともに、国家神道等の用語の定義を提示

③ 指令の各条項に対し日本政府が講じた諸措置の総轄的報告の提出（期限は翌年三月十五日）

④ 日本国政府及び国民が、指令の遵守について責任を負ふこと

GHQの眼目は①と②ですが、その冒頭では、国家による宗教的抑圧から国民を解放し、戦争犯罪等を招来したイデオロギーへの国民の経済的負担を除去し、神道の教理の国家主義的宣伝への利用を防止するために、「再教育ニ依ツテ国民生活ヲ更新シ永久ノ平和及民主主義ノ理想ニ基礎ヲ置ク新日本建設ヲ実現セシムル計画ニ対シテ日本国民ヲ援助スル為ニ茲ニ左ノ指令ヲ発ス」と、あたかもGHQが日本国民の救世主であるかのやうに、指令の目的を高らかに謳ひ上げてゐます。その上で、①に掲げた十三項目の禁止事項において、神道及び神社と国や公的機関との関はりを完全に

断ち切ることを命じてゐます。

その中には、極めて具体的な事項も掲げられ、『國體の本義』や『臣民の道』などの書籍の頒布が禁止されるとともに、公文書での「大東亜戦争」「八紘一宇」など、国家神道、軍国主義と不離であるとGHQが判断した用語の使用も禁止されました。内閣が定めた戦争の呼称である「大東亜戦争」を使用することが何故「国家神道」と関係するのか、常識的には理解し難いですが、これら絶対権力者による一方的な判断と命令こそ、「神道指令」を始めとするGHQによる占領政策の特徴です。

このやうに、占領軍として絶対的権力を握つたGHQは、戦時下日本の軍国主義国家主義のイデオロギーは、神道や神社に由来する思想であると断定し、それを国家神道といふ独自の定義によつて解釈し、双方を徹底的に排除する政策を打ち出してきたのでした。

そして当時、情報を持たない全国の神社関係者が最も衝撃を受けたのは、次の二点であつたと思ひます。

・伊勢ノ大廟ニ関シテノ宗教的式典ノ指令並ニ官国幣社ソノ他ノ神社ニ関シテノ宗教的式典ノ指令ハ之ヲ撤廃スルコト

・内務省ノ神祇院ハ之ヲ廃止スルコト而シテ政府ノ他ノ如何ナル機関モ或ハ租税ニ依ツテ維持セラレル如何ナル機関モ神祇院ノ現在ノ機能、任務、行政的責務ヲ代行スルコトハ許サレナイ

前者は、「神宮祭祀令」や「官國幣社以下神社祭祀令」など、神社での祭祀執行を定めた法令は、すべて廃止されること、後者については、文中の「神祇院」とは、昭和十五年にそれまでの内務省神社局が昇格して設置された国家機関ですが、代行も含めてその廃止が命令されたのでした。神社と国家との関係が断ち切られる以上、神社行政を司る内務省の外局である神祇院の廃止は必然ですが、これは神社が存立するための法的根拠の喪失を意味しました。もはや、神社神道が生き残るために残された道は、一つだけでした。

指令②では、神社神道が国家から分離され、軍国主義的国家主義的要素が剥奪された後は、宗派神道や他の宗教と同様の保護を許容される、としてゐました。これは、昭和二十年十月四日に発令された「政治的、社会的及び宗教的自由に対する制限除去に関する

覚書」（自由の指令）に基づく条項ですが、「自由の指令」の宗教に関する内容は、宗教的自由のもとに宗教団体法の廃止を求めるものでした（これにより昭和二十年十二月に宗教法人令が制定）。つまり、神社神道は、宗教的自由を定める法令に基づき、法的には他の宗教と同列な形で存続が許されることを意味してゐました。

戦前の神社関係民間団体と神社本庁の設立

「神道指令」は、その時期についても内容についても、突然発令されたものであることは違ひありませんが、政府においても民間においてもＧＨＱの動きをある程度は察知してゐました。

特に神社関係の民間団体では、政府の動きとは別に、ＧＨＱによる神社制度の大変革を予期し、神社を奉護するための方策が練られました。その民間団体とは、皇典講究所、大日本神祇会、神宮奉斎会の三団体です。皇典講究所は明治十五年設立の神職を養成する団体、大日本神祇会は、明治三十一年設立の全国神職会が昭和十六年に改称された団体、神宮奉斎会は、明治五年に開設された神宮教院を起源とする伊勢神宮の崇敬団体であり、何れも財団法人として活動してゐました。

昭和二十年十一月八日に皇典講究所の吉田茂専務理事（後の吉田首相とは別人）は、政府に先んじて直接ＧＨＱのＷ・Ｋ・バンス宗教課長と面談し、一個人の意見とした上で、神社は民間法人として自立すること、神社関係の全国的団体を設立することなど、民間側の考へを表明しました。これに対しバンス課長は、神道そのものを迫害する意図はないこと、民衆の信仰として盛んになることは賛成であると回答してゐます。

知日派のバンス課長は、実は神道指令の起草者でした。日本側はそのことを知る由もありませんが、この吉田・バンス会談を経て、いよいよ政府側も事態が緊縛してゐることを認識し、神祇院廃止の後は神社の運営を前記の民間三団体に委ねることに決

葦津珍彦

したのでした。

この三団体が母体となつて、神祇院が廃止された昭和二十一年二月二日の翌日、宗教法人令に基づく宗教法人として神社本庁が設立されました。設立に際し、在野の神道人である葦津珍彦氏が、その立役者の一人としてよく知られてゐるのは、同氏がいち早くGHQの意図を見抜き、三団体による協議の場において、「神社教案」を排して「神社連盟」による神社の護持を主張し、議論を主導したこと、そして『神社新報』が創刊されると、その主筆として論説などを執筆して神道指令の影響の払拭に心血を注ぎ、神社及び神社界、そして神社本庁の行く末を案じ続けたことにあります。

神道指令の亡霊と神社信仰の原点

「国家の宗祀」として、国家の存立と不可分に位置づけられた全国の神社を、政府の責任により管理運営してゆくことを基本としてゐた従前の神社制度は、「神道指令」によつて根本的に変革されました。これにより神祇院が廃止され、それまでの神社関係の民間三団体を母体に、全国の神社を包括する神社本庁が設立されました。謂はば、神道指令が神社本庁の生みの親と言へますが、もつと明解に言ふなら、神社本庁は敗戦により誕生した組織です。占領下での神社本庁の設立を、焼け跡のバラックになぞらへる言ひ方も同趣旨ですが、そこには、独立回復後には本格的な本建築を目指すといふ熱意と期待が込められてゐるのも事実です。

しかし、最大の問題は、独立を回復して神道指令が失効してから七十年以上が経過した今日においても、GHQが神道指令を通じて日本に求めた厳格な神道と国家との完全分離政策が、七年間の占領期間を経て、当然のやうに日本社会に根付いてしまひ、現在も極端な政教分離思想として影響を及ぼしてゐることでせう。

戦後、数々の政教分離裁判が起こされましたが、昭和五十二年の津地鎮祭訴訟最高裁判決を経て、日本国憲法の定める政教分離とは、国家と宗教の関係を全く許さないとするものではなく、信教の自由を守るための制度的補償であり、国や公共団体の行為が宗教に関はるものであつたとしても、その行為の効果が、宗教に対する援助、助長や圧迫、干渉など、信教の自由を侵害するものでなければ、憲法違反に該当しないといふ法理が確立してゐる筈です。日本国憲法第二十条は、信教の自由の保障を定めたものであり、国家と宗教の完全分離を求めるものでないことは、条文を素直に読めば自ずと理解されると思ひます。しかし、国や行政が訴訟やトラブルを恐れるあまり政教分離に敏感となり、結果的に伝統行事の継承や健全な宗教教育の普及でさへ、充分になされてゐない現実があります。延いてはそのことが、皇室祭祀の位置づけは勿論、靖国神社での祭祀にも影響を及ぼしてゐる事実のあることが残念でなりません。

独立後も残存する神道指令の影響を、かつて神社新報は「神道指令の亡霊」と表現して、その払拭のための主張を展開しました。言ひ得て妙ですが、亡霊であるならば、地域共同体の象徴である土着の氏神信仰を神社神道の原点として確認しつつ、敬神尊皇の教学のもと、その継承発展のために知恵を働かせ議論を重ねることで、自然に退散する筈です。全国関係者の奮起を願つてやみません。

封印された國體思想

没収された七千七百六十九点の図書

本誌編集部

GHQによる日本の図書没収（焚書）がいかに大掛かりに行われていたかを本誌が明確に認識したのは、この分野の先駆者である澤龍氏の蔵書からだった。澤氏は、平成十一（一九九九）年に『連合国軍司令部指令「没収指定図書総目録」』（昭和五十二年）と出会って以来、長い時間をかけて、GHQによって発禁処分を受けた書物の蒐集を続けてきたのだ。それらの図書の分析に基づいて、占領史研究會編著で『GHQに没収された本：総目録　増補改訂版』が刊行されている。

焚書の対象となった図書は昭和三年から昭和二十年までに出版された約二十二万タイトルで、そのうち七千七百六十九点が没収された。

昭和二十一年三月十七日に開始された没収は、昭和二十三年四月十五日まで、四十八回にわたって行われた。『GHQ焚書図書開封』シリーズの刊行を続けてきた西尾幹二氏は、これほど大掛かりな図書没収をGHQ内部だけで完結できるとは考えにくく、日本人の協力者がいたことが容易に想像できると述べている。焚書の舞台の一つだった帝国図書館（現国会図書館）の館長の回想記によると、「出版物追放のための小委員会」に、外務省幹部や東京大学文学部の助教授らが参加していたと記されている。

東京裁判史観を日本人に浸透させるため、それに反する歴史観を封印することが、焚書の目的の一つであったことは間違いない。だが、同時にGHQは日本人から国史と國體を奪い、日本人が二度と自分の足で立ち上がれないようにすることを意図していたのではなかろうか。

その証拠に、ＧＨＱが没収した図書リストのうち、「國體」という言葉をタイトルに含む図書は、文部省思想局編『日本の國體』を筆頭に、杉浦重剛『國體眞義』、今泉定助『國體講話』、藤沢親雄『我が國體と世界新秩序』、里見岸雄『國體科学研究』など百五十一点に上る。國體思想の発展に重要な役割を果たした崎門学や水戸学に関する書籍も没収された。平泉澄『闇斎先生と日本精神』、小林健三『垂加神道』、高須芳次郎編『栗山潜鋒・三宅観瀾《かんらん》集』、塚本勝義『藤田幽谷の思想』、松原晃『藤田幽谷の人物と思想』などの図書だ。

「國體」だけではなく、書名に「国民精神」「日本精神」「日本主義」「大和魂」「神国」「神州」「皇国」「皇道」「皇民」「勤皇」などの付く書籍は悉《ことごと》く没収の対象となっていた。この徹底した國體思想の封印によって、戦後の日本人は、わが国の國體を見失ってしまったのである。

國體思想を取り戻せ

一方、ＧＨＱは神道指令を発令するとともに、「四大教育指令」を順次発布し、「軍国主義」を鼓吹した教育関係者を追放し、学校教育と国家神道の結びつきを除去しようとした。昭和二十一年三月には、来日したアメリカ教育使節団がＧＨＱに報告書を提出し、翌昭和二十二年三月には教育基本法が施行された。

さらに、昭和二十三年五月、民政局のジャスティン・ウィリアムス課長は衆議院文教委員長を務めていた松本淳造と参議院文教委員長を務めていた田中耕太郎を呼び、国会で教育勅語の廃止決議をするよう強硬に申し入れたのだった。指令として命令することは不都合だと考えたのだろう。だからこそ、口頭命令という形で日本国民にわからないように廃止を命じたのだ。こうして、六月十九日、衆参両院は、國體精神を支えていた教育勅語の排除・失効決議をそれぞれ行った。

ＧＨＱは國體思想を封印するために、國體思想が日本の軍国主義、超国家主義を支えた危険思想であるとのレッテルを張った。崎門学正統派を継ぐ近藤啓吾は「敗戦後、崎門垂加の学は、軍国主義の源泉、超国家主義思想なりとして危険視せられ、嘗てこれを高唱して得々たりしものも、その口をつぐみて知らざるの貌をなし、なかには却って罵詈《ばりや》巳まざるあるに至れり」(『紹宇存稿』平成十年八月)と嘆いている。

こうして、日本人は國體思想と国史を奪われたのである。平泉澄は、昭和四十五年十一月に刊行された『少年日本史』の前書きで次のように書いている。

「…正しい日本人となる為には、日本歴史の真実を知り、之を受けつがねばならぬ。然るに、不幸にして、戦敗れた後の我が国は、占領軍の干渉の為に、正しい歴史を教える事が許されなかった。占領は足掛け八年にして解除せられた。然し歴史の学問は、占領下に大きく曲げられたままに、今日に至っている」

辛うじて國體思想を継承してきたのが、國體の尊厳を自覚していたごく一部の学者や民族派、神道系の宗教者たちだったように見える。例えば、生長の家の谷口雅春は戦後も「天皇政治こそ民利にかなう」と主張するなど、國體の真髄を称揚しようとした。一時は、生長の家系の政治勢力が政界に地歩を築こうとしたものの、結局政治の場に國體思想は浸透しなかったのかもしれない。その結果、未だに國體思想を唱える政治家は、「復古的」「戦前回帰」という一言で、切り捨てられ、排除されてしまう。実際、本誌三月号のインタビューでも、参政党参議院議員の神谷宗幣氏が次のように語っている。

「國體観は持ってはいけない、國體観を持つ人は危険人物だから、そうした人は排除しなければいけないといった風潮が政治の世界にあるように思います。例えば、私が国会の代表質問で水戸学の思想を語ろうものなら、大手のメディアが一斉に潰しにくるでしょう」

ＧＨＱが日本人に植え付けた國體思想についての否定的な考え方を排し、國體思想の真髄を日本人が取り戻すしかない。本誌が、崎門学や水戸学の國體思想の研究を続けているのも、そうした願いからである。

対等な日米関係を求め、米国大使館に抗議

本誌記者　出見晃大

対等な日米関係を求める国民有志の会（代表：本紙発行人・折本龍則千葉県議）は7月4日、機動隊による厳重警戒下のなか、米国大使館をのぞむ共同通信会館前で抗議街宣を行った。

エマニュエル大使の内政干渉に抗議

7月4日は米国の独立記念日であることや、抗議街宣を予告していたことも相まって現場は厳重警戒。折本ふくめ街宣車に乗車した先発隊はその中をかいくぐり、抗議の第一声を大使公邸で発した。

「LGBT法案に際する露骨な内政干渉に抗議し、発言の撤回と謝罪を求める抗議文をラーム・エマニュエル大使に渡すためにやってきた」

その瞬間、警官隊が折本を取り囲みマイクを置くよう説得にあたる。が、それをものともせず「エマニュエル大使の発言は対等な独立国に対する発言とは言えない」と声を上げ続けた。

強制排除と抗議文受け取り拒否

大使公邸での抗議活動を終えて、共同通信会館前の抗議街宣に移る際もひと悶着があった。警視庁による機動隊など警官隊が排除しようとするのだ。折本はこれに「どちらの代弁者なのだ」と怒りをあらわに。若手参加者らでスクラムを組み、一時的に防衛線を張ることにより抗議街宣は続いた。

抗議街宣は折本の呼びかけに応じた、荒川区議会議員の小坂英二氏、なの花会代表の本間奈々氏、外国人参政権に反対する市民の会代表の村田春樹氏、英霊の

名誉を守り顕彰する会会長の佐藤和夫氏、みちばた代表の甲斐正康氏、本誌編集長の坪内隆彦、大アジア研究会の小野耕資（本誌副編集長）など多くの弁士がマイクを持った。

事態が動いたのは共同通信会館前で演説が始まってしばらくのことだった。「この場所での演説はこれ以上認められない」とした警察・機動隊による強制排除が始まったのだ。若手を中心にスクラムを組み、参加者の多くが抵抗するも住友不動産虎ノ門タワーまで後退させられてしまったのだ。

対等な日米関係を求め、米国大使館に抗議

抗議街宣も終わり、折本が抗議文を持参する際も驚くことが。事前に米国大使館には文書持参の連絡をしていたにも関わらず、文書の受け取りを拒否したのだ。大使館公邸も同様だ。これでは米国の方から対等な関係を拒否しているとしか言いようがない。

怒りのシュプレヒコール

抗議文の受け取り拒否を受け、この一回限りの活動にしないと決意を固めるべく、最後に参加者全員で「対等な日米関係を求め、たたかうぞ！」とシュプレヒコールを上げた。

折本は活動後のインタビューに「エマニュエル大使の言動は外交儀礼を欠いた越権行為であり、主権国家たる我が国の尊厳を著しく傷付けるもの」と非難。「我が国は歴史的に性的少数者に対して寛容な固有の文化を築いてきました」と続け、大使辞任まで活動を続けたいとコメントした。

れました。これを受けたかのように、岸田首相は同月１７日にＬＧＢＴ法案の国会提出に向けた準備を進めるよう党内に指示しました。たしかに、本法案は国会での正当な議決を経て成立したものではありますが、自民党内でも反対派が多数であったにも関わらず国会に提出され、極めて短時間の審議で採決されるなど慎重な民主的なプロセスを欠くものでした。そこまでして岸田首相が同法案の成立を強行した背景には、閣下の強い働きかけとＧ７広島サミットで欧米各国との足並みを揃えるために同法案の成立を急ぐ岸田首相の政治的打算が作用したものと疑わざるをえません。無論、ＬＧＢＴ法への賛否については我が国内においても様々な意見がありますが、何れにしてもそれらは我が国の主権の範疇で議論されるべき国内問題であり、外国使節である閣下が口を差しはさむ事柄ではありません。**(内政干渉)**

先般のＧ７広島サミットに際しては、閣下が主導して、我が国を除くＧ７参加国とＥＵ７か国の大使による連名で、ＬＧＢＴの権利を守る法整備を求める書簡を岸田首相に提出されました。その根拠として、Ｇ７のなかで我が国だけがＬＧＢＴへの差別禁止法の整備が立ち遅れていることを挙げられたと聞き及んでおります。しかし実際には、アメリカにおいても連邦レベルの差別禁止法は存在せず、我が国だけが法整備していないとの認識は事実に反します。このような事実に反する喧伝を行うことは、我が国があたかも性的多様性における後進国であるかのような印象を内外の世論に与え、我が国の国際的名誉を棄損するものです。また他国による我が国の文化的固有性に対する偏見を助長し、国際的孤立化を招きかねないという意味でも看過できません。**(名誉棄損)**

ＬＧＢＴ法は、発祥した欧米諸国の内部においても深刻な社会的分断と対立、混乱を招いており、アメリカ国内においても保守層を中心として広汎な反対運動が起こっています。したがって、閣下の政治的主張は、米国内における特定の世論を代弁したものに過ぎません。しかしながら、一国全体を代表する筈の閣下がこのような特定の政治的主張を繰り返されることは、我が国民の対米認識を歪め、対米感情を悪化させることで日米両国の友好関係を阻害しかねません。我々は「自由と民主主義」を重んじる貴国の善良なる国民と連帯し、普遍主義に基づく価値の押し付けではなく、文化の相互尊重の上に立つ真の友

エマニュエル駐日米国大使への抗議文

謹啓

向暑の候、益々のご清祥の事と謹んでお慶び申し上げますと共に、貴国の独立記念日をお祝い申し上げます。

以下の通り抗議文を提出致します。

今般、国会においてＬＧＢＴ理解増進法案が可決成立しました。本法案の成立過程において、閣下は法案の早期制定を促す言動を繰り返し、岸田政権に対して強い働きかけを行われました。これは大使としての儀礼を欠いた越権行為であり、主権国家たる我が国の尊厳を著しく傷つけるものです。

本来外国の大使は、駐在国の文化を尊重せねばならないことは言うまでもありません。ＬＧＢＴなどの性的少数者の権利は尊重されるべきですが、彼彼女らに対する受容の在り方はその国や地域、民族の伝統や風土によって多様です。そのうえで我が国は歴史的に性的少数者に対して寛容な固有の文化を築いてきました。しかしながら、そうした文化の多様性・固有性を軽視し、欧米の歴史や文化的背景に由来した特定の価値基準を普遍的なものと思念するのは傲慢な文化的偏見です。また、そのような価値基準を一概に適用すると、文化的摩擦や衝突を引き起こし、社会のいたずらな混乱を招きます。事実、本法案の制定によって、ＬＧＢＴの差異が殊更に強調されることで、本来の趣旨に反した逆差別を助長したり、女性や子供の権利が不当に侵害される事への不安や懸念が高まっております。閣下は世界の文化の多様性・固有性に対する認識が欠如していると言わざるをえません。**（文化軽視）**

しかも、このような欧米の特定の価値基準に基づいた法案を、一国の大使が公然と駐在国の政府に要求し推し進めるのは明らかな越権行為であり、内政干渉と言わざるをえません。閣下は、本年２月１５日に日本記者クラブで会見し「（ＬＧＢＴＱの）理解増進だけでなく、差別に対して明確に、必要な措置を講じる」ことを首相や国会に要求さ

ラーム・エマニュエル駐日米国大使閣下

令和５年７月４日　対等な日米関係を求める国民有志の会
代表　千葉県議会議員　折本龍則

賛同者一覧（五十音順）

福島伸享　衆議院議員
田沼隆志　千葉県議
石本崇　岩国市議
岩田将和　江戸川区議
小坂英二　荒川区議
小林ゆみ　杉並区議
佐野允彦　所沢市議
杉本延博　御所市議
戸村ひとみ　旭市議
鳥谷恵生　四万十市議
古木邦明　大和市議
保坂康平　四街道市議
西村日加留　前大阪府議
稲村公望　元日本郵便副会長
小野耕資　大アジア研究会代表
甲斐正康　みちばた代表
金子宗徳　里見日本文化学研究所所長
木原功仁哉　弁護士
木村三浩　一水会代表
佐藤和夫　英霊の名誉を守り顕彰する会会長
高池勝彦　新しい教科書をつくる会会長・弁護士
田母神俊雄　元航空幕僚長
坪内隆彦　『維新と興亜』編集長
頭山興助　呉竹会会長
西村眞悟　元衆議院議員
針谷大輔　統一戦線義勇軍議長
福永武　不二歌道会代表
本間奈々　なの花会代表
水島総　チャンネル桜社長
南出喜久治　弁護士
村田春樹　外国人参政権に反対する市民の会代表

好関係を呼びかけたいと思います。**(友好関係の阻害)**

先のG７広島サミットにおいては、バイデン大統領は我が国の主権が及ばない米軍岩国基地から入国しました。閣下が岩国基地まで大統領を出迎える姿は、まるで植民地の総督が宗主国の元首を奉迎するかのように映りました。聞くところによると、貴国大統領が訪日時に米軍基地から入国するようになったのはトランプ前大統領の時からだそうです。本来対等である筈の両国関係において、貴国大統領が米軍基地から入国する事は、我が国に対する外交儀礼を欠き、主権国家としての尊厳を著しく傷つける行為です。我が国は貴国と同盟関係にありますが、真の同盟関係は支配と従属ではなく、互いの主権を尊重しあう対等な関係の上に築かれるものです。**(尊厳の冒涜)**

以上に記した閣下の言動に対し、多くの日本国民は憤怒しております。本来であれば、林外相が閣下を召喚して抗議し、貴国政府に対して閣下の更迭を勧告すべき所ですが、岸田政権を含む歴代の自民党政権は貴国への従属政策を続け、我が国民の声を正当に代弁しておりません。したがって我々国民有志が政府に代わって閣下に抗議の意思を伝え、これまでの一連の内政干渉とも言うべき言動を撤回し、我が国民に謝罪することを求めます。また今後、貴国大統領が我が国を訪問する際には、米軍基地からの入国は控えるよう強く求めます。

最後に、この書簡を貴国の独立記念日である本日（7月４日）に提出する理由は、貴国の偉大な建国の歴史に敬意を表すると共に、貴国が英国から独立を勝ち取ったように、我が国も貴国に対して真の独立を求めるからであります。今般、岸田首相が閣下の内政干渉に屈したのも、詰まるところ、我が国が戦後ＧＨＱによって主権を奪われて以来、いまだに真の独立を回復していないからです。よって今般の一件を契機として、貴国が我が国に主権を返還し、真に対等な同盟関係を樹立することを切望致します。

令和５年７月４日　対等な日米関係を求める国民有志の会

謹白

demanded that the Prime Minister and the Diet "not only improve understanding [of LGBTQ people] but also take clear and necessary measures against discrimination."

We have no doubt that Prime Minister Kishida's decision to go to such lengths to force the passage of this bill was a direct response to Your Excellency' s personal lobbying. No matter the merits, this issue deserved to be discussed within the scope of Japan's sovereignty, without being subjected to political pressures from a foreign envoy.

On the occasion of the recent G7 Hiroshima Summit, you took the initiative to submit a letter to Prime Minister Kishida, jointly signed and addressed to Japan by the ambassadors of the other G7 countries. This letter called for the development of legislation to protect LGBT rights—on grounds that Japan was lagging behind other G7 countries in the development of anti-discrimination laws regarding LGBT people.

Ironically, it was your own country that conspicuously lacked —and still lacks—an anti-discrimination law on LGBT matters at the federal level. But the propaganda campaign depicted Japan as a backward country in matters of sexual diversity. This created a mischievous impression which obviously harmed Japan' s reputation. It will certainly encourage prejudice against Japan and might even lead to international isolation.

LGBT laws have caused serious social division, conflict and confusion within their Western countries of origin—especially in the United States. Your Excellency's advocacy does not represent the totality of US opinion on this subject but only a part of it. Meanwhile, Your Excellency' s assertions distort the perceptions of the Japanese people towards the US and worsen the feelings of Japanese towards the US.

We the undersigned stand in solidarity with the good people of your country who value freedom and democracy. We call for

July 4, 2023

The Honorable Rahm Emanuel

Ambassador to Japan from the United States

Dear Sir:

We the undersigned are a group of volunteers, addressing you on behalf of the Japanese government and people. By design we write to you on July 4, a great holiday that stands for America's independence.

Our message concerns the recently passed LGBT law for which Your Excellency vigorously lobbied. This unrestrained advocacy on your part—or so we feel—was at odds with ambassadorial decorum and with our dignity as a sovereign nation.

It only stands to reason that foreign ambassadors must respect the culture of the country in which they are stationed. As it happens, our country has historically developed a unique culture of tolerance towards sexual minorities which Your Excellency's attitude hardly seemed to recognize.

It is unwise to assume that specific values derived from one's own history and culture are universal. Moreover, the blanket application of such value standards creates cultural conflict and gives rise to social disruption. We are concerned that the enactment of this law will unjustly infringe the rights of women and children by placing a particular emphasis on LGBT differences.

Moreover, Your Excellency's use of the ambassador's office in promoting this bill has been a clear act of overreach and interference in our internal affairs. At a press conference at the Japan Press Club on 15 February of this year, Your Excellency

Representative

Tatsunori Orimoto, Chiba Prefectural Councillor

Supporters :

Nobuyuki Fukushima, Member of the House of Representatives
Takashi Tanuma, Chiba Prefectural Assembly member
Takashi Ishimoto, Iwakuni City councillor
Masakazu Iwata, Edogawa Ward councillor
Eiji Kosaka, Arakawa Ward councillor
Yumi Kobayashi, Suginami ward councillor
Mitsuhiko Sano, Tokorozawa City councillor
Nobuhiro Sugimoto, Gose City councillor
Hitomi Tomura, Asahi City councillor
Keisei Toriya, Shimanto City councillor
Kuniaki Furuki, Yamato City councillor
Kohei Hosaka, Yotsukaido City councillor
Hikaru Nishimura, Former member of the Osaka Prefectural Assembly
Koubou Inamura, Former Vice Chairman of Japan Post
Kousuke Ono, Representative of Great Asia Study Group
Masayasu Kai, Representative of Michibata
Munenori Kaneko, Director, Satomi Institute for Japanese Studies
Kuniya Kihara, Attorney-at-law
Mitsuhiro Kimura, Representative of Issuikai
Kazuo Sato, Chairman, Association for the Honour and Recognition of Heroic Spirits
Katsuhiko Takaike, Attorney-at-law ,Chairman, Association for the Creation of New Textbooks
Toshio Tamogami, Former Chief of the Air Force Staff
Takahiko Tsubouchi, Editor-in-Chief, Ishin to Koua
Okisuke Touyama, Chairman, Kuretake-kai
Shingo Nishimura, Former member of the House of Representatives
Daisuke Hariya, Chairman of the Unification Front Volunteer Army
Takeru Fukunaga, Representative of Fuji kadou Kai
Nana Honma, Representative of the Nanohana Kai
Satoru Mizushima, President, Channel Sakura
Kikuji Minamide, Attorney-at-law
Haruki Murata, President, Citizens' Association Against the Suffrage of Foreigners
Tetsuhide Yamaoka, Strategic Information Analyst

genuine friendship based on mutual respect for cultures, rather than the imposition of values based on partisan viewpoints.

At the recent G7 Hiroshima Summit, President Biden entered Japan from the US military base at Iwakuni, which is a portion of our national territory still outside our sovereignty. In the context of our bilateral relations, which are presumed to be on equal footing, the fact that the American President entered Japan from a US military base on our territory was a breach of diplomatic etiquette towards our country and an affront to our dignity as a sovereign nation.

Many Japanese citizens are outraged by Your Excellency's words and actions as described above. But successive LDP governments up to the present time have continued their policy of subservience to your country and have not given a legitimate voice to the wishes of the Japanese people.

Therefore, as the people's volunteers, we convey this protest to Your Excellency with a demand that you apologize to the people of Japan, withdrawing those words and actions of yours that could be described as interference in our internal affairs. We also strongly urge that American officials on future visits not enter our sovereign territory from US military bases located in Japan.

For decades, Japan’s prime ministers up have yielded to U.S. interference in our internal affairs because our country never regained its sovereignty after American occupation forces took it away at the end of the last world war. We hope that recent incidents will be used as an opportunity to reestablish our sovereignty and create the basis for an alliance between equals.

Sincerely yours,

National Volunteer Association for Equal US-Japan Relations

ブルース・リーの老荘思想
歿後50年記念イベントを開催

今年七月二十日、中国人として初のハリウッドスターとなった、ブルース・リーの没後五十年を迎えた。大アジア研究会（代表：小野耕資）では、これを記念し、七月二十二日、都内でイベントを開催した。

本誌編集長の坪内隆彦が「ブルース・リーの老荘思想」と題して報告した。ブルース・リーの生涯について紹介した上で、概要以下の通り述べた。

文明転換と老荘思想

大アジア研究会は、西洋近代文明の弊害を直視し、それを超克する思想として老荘思想に注目している。西洋近代文明は物質的発展をもたらしたものの、精神的価値を見失っているのではないか。無為自然を強調する老荘思想には、文明の在り方を転換する思想的ヒントがあるように思う。

特に、老子は「柔弱」の価値を強調したが、社会のあらゆる面で、力よりも「しなやかさ」

が求められる時代に、老子の「柔弱」の思想を理解する必要があるのではないか。また、資本主義が行き詰まる中で、老子の思想が新たな経済システムのヒントになるという考え方もある。

例えば、柄谷行人氏は、交換様式を「A＝贈与と返礼の互酬」「B＝支配と保護による略取と再分配」「C＝貨幣と商品による商品交換」「D＝高次元でのAの回復」――に整理したが、老子の無為自然は交換様式Dを示唆していると説いている（『哲学の起源』）。

陰陽のバランス

次にブルース・リーの武道に影響を与えた老子の思想の一面を紹介する。老子は、陰陽のバランスの重要性を次のように説いている。

道は一を生じ、一は二を生じ、二は三を生じ、三は万物を生ず。万物は陰を負い陽を抱き、沖気《ちゅうき》以て和を為す（『老子』第四十二章、【訳】無という道は有という一を生みだし、一は天地という二を生みだし、二は陰陽の気が加わって三を生みだし、三は万物を生みだす。万物は陰の気と陽の気を内に抱き持ち、それらの気を交流させることによって調和を保っている＝蜂谷邦夫訳）

「柔弱」の思想

老子が重視した「柔弱」の思想は、次の言葉にはっきりと示されている。

柔弱は剛強に勝つ（同、第三十六章）

人の生くるや柔弱、其の死するや堅強。万物草木の生くるや柔脆《じゅうぜい》、其の死するや枯槁《ここう》。故に、堅強なる者は死の徒、柔弱なる者は生の徒（同、第七十六章、【訳】人は生きている時は柔らかくてしなやかであるが、死んだ時は堅くてこわばっている。草や木など一切のものは生きている時は柔らかくてみずみずしいが、死んだ時は枯れて堅くなる。だかに、堅くてこわばっているものは死のなかま、柔らかくてしなやかなものは生のなかま）

天下の至柔は、天下の至堅を馳騁《ちてい》し、無有は無間《むかん》に入る（同、第四十三章、【訳】世の中でもっとも

柔らかいものが、世の中でもっとも堅いものを突き動かす。形の無いものが、すき間のないところに入っていく）

老子はこのように柔弱の価値を評価した。「形の無いものが、すき間のないところに入っていく」という言葉から即座に連想されるのが、「水」である。自由自在に形を変える水は、まさに「究極の柔弱」といっていい。だからこそ、老子は次のように水を称えた。

天下に水より柔弱なるは莫《な》し。而して堅強を攻むる者、之に能く勝る莫き……（同、第七十八章、【訳】この世の中には水よりも柔らかでしなやかなものはない。しかし堅くて強いものを攻めるには水に勝るものはない）

上善は水の若し。水は善く万物を利して争わず、衆人の悪む所に処《お》る。故に道に幾《ちか》し（同、第八章、【訳】最上の善なるあり方は水のようなものだ、水は、あらゆる物に恵みを与えながら、争うことがなく、誰もがみな厭だと思う低いところに落ち着く。だから道に近いのだ）

『燃えよドラゴン』の中の東洋思想

ブルース・リー主演の『燃えよドラゴン』（一九七三年）は、少林寺の高弟リー（ブルース・リー）と、少林寺で武術を学びながらも悪の道に手を染めて破門となったハン（シー・キエン）との闘いのドラマだが、冒頭、リー（李）が少林寺の高僧と語る場面がある。（映画の一部を鑑賞）。

四方田犬彦氏は『ブルース・リー』（ちくま文庫）で、この場面を忠実に再現している。

〈高僧は李にむかって、お前の武芸はすでに最高の段階に到達しているが、技におけるもっとも高い達成とはどのようなものかと尋ねる。李はそれに対して「武術の最高の技とは、技という形をもたないことです。」と答える。「お前は敵を前にしたとき、どのように感じるのか」

「敵は眼中にありません。『私』というのは抽象的なもので、特別に意思をもっているわけではないのです。闘いは遊びのようなものだと理解しています。ただこの遊びはきわめて真剣になされなければなりません。いい武術家になるためには、形に捕らわれていてはだめです。武術というのはみずから発するものだと知らなければなりません。相手が身を竦めれば、こちらは進みます。相手が進んでくれば、こちらは用心して守りに徹します。退けば進み、進めば退きます。自分が絶対に有利なときには、「私」が考えて打つわけではありません。(ここで右手を高く掲げて)これが代わりに打ってくれるのです」。すると高僧は李の右手首を掴んでいう。「まさにしかり。いわゆる敵とは幻影にすぎぬ。つまり本当の敵はおまえの内側に隠れているのだ。幻影を消すことができれば、敵の本体を消すことも可なり。だがお前のいう『これ』は、多くの者に誤用されておる」(中国語原文は省略)

四方田氏は、こうした場面を再現した上で、極めて重要な指摘をしている。

〈「私」ではなく「これ」が代わりに闘ってくれるという言説が意味するところは、深遠である。それは単に武力の優位を語っているわけではない。いささか大袈裟な表現を用いるならば、西欧が近代において確立してきた自我の外延としての身体という考えが、この言説のなかで否定されている。闘いのさなかにあっては「私」という狭い主体を越えたところで、非人称的で匿名的な何者かが作用している。闘いとはこうして個我を捨てて、いまだ誰のものとも名付けられないでいる流れのなかに身を委ねることにほかならない。反デカルト主義者としての李小龍の思想が、ここには明確に語られている〉

ブルース・リーと陰陽調和の思想

ブルース・リーが創設した「截拳道(Jeet Kune Do/ジークンドー)」は、老荘思想から強い影響を受けていた。ブルース・リーの死後に編集・発刊された『Tao of Jeet Kune Do』(一九七五年)や『The Tao of Gung Fu』(一九九七年)には、老荘思想、禅仏教などの東洋思想に支えられた彼の考え方が明確に示されている。ブルースは禅に関する鈴木大拙の書も読んでいたという。

ブルースは一九六三年に刊行した『基本中国拳法』で次のように書いている。

「グンフーの技術は、力に頼るのではなく、エネルギーを最小限に抑え、陰あるいは陽のどちらか一方に

は偏らないということを目指している」「グンフーの基本的理念とは、陰陽の理論に基づくものである。このお互いに補足し合う力は、連続的であり途切れることがない」（松宮康生訳）

また、『ブルース・リーノーツ』（ジョン・リトル著）の序文を書いたダニエル・リーは、「ブルースは…陰陽調和の概念に強く影響され、陰陽の象徴を自らのマークに採用したほどですが、その目的は、他ならぬ、陰と陽の堅固なエネルギーと蓄積したエネルギーの両方を持ち活用するジークンドーの根本原則を表そうとした点にあります」と書いている。

ジークンドーのインストラクターとして活躍する石井東吾氏も、「ジークンドーのオンガードポジションは〝陰陽の理論〟に基づいた、攻撃と防御が融合した中立的な構えをとる。それはとてもシンプルかつコンパクトであり、常にいつでもどの方向へも瞬時に動くことができる、非常に機動力に富んだスタンスだ」と述べている（『陰と陽 歩み続けるジークンドー』）。

ブルース・リーと水の思想

老子が柔弱の価値を称揚したように、ブルース・リーもまた「最も固い木も圧力で簡単に折れてしまうが、竹は風にまかせてしなることにより、持ちこたえる」と述べ、「しなやかさ」の重要性を強調している。ブルース・リーにとってもまた、究極の柔弱は水だった。彼は、「水は柔らかく、弾力があり、形がないから、水のごとくなりなさい。水は決して折れることがない」と書いている。

ブルースの実娘シャノン・リーが父の哲学について述べた本のタイトルは、『友よ、水になれ』（亜紀書房）だ。同書には、「心を空にしろ。型を捨て、形をなくせ。水のように。コップにそそげば、水はコップの形になる。……ボトルにそそげばボトルの形になる。水は静かに流れることもでき、激しく打つこともできる。友よ、水になれ」というブルース・リーの言葉が紹介されている。

このように老子の思想は、ブルース・リーのジークンドーに全面的に取り入れられていたのである。カンフーに限らず、程度の差はあれ、多くの武道に老荘思想の思想は生かされているのではなかろうか。

カンフーに対する欧米人の関心

続いて、TOKYOカンフー道場代表の佐藤光彦氏が実際のカンフーの動きを披露しながら、カンフーへの老荘思想の影響について説明した。

佐藤氏は、アメリカ・イリノイ州南部のカーボンデールにある南イリノイ大学に留学中、カンフーの師匠であるブライアン・スナップ師範、マット・パブロビッチ師範に出会って以来、カンフーの道を歩んできた。

現在、佐藤氏は東京（渋谷区、品川区）、横浜、横須賀でカンフーの指導している。

佐藤氏は、ブルース・リーが特定の型、スタイルを信じなかった事を強調した。ブルース・リーは、自分の流派に執着し過ぎることは、他のものを否定してしまうことになると考えていたようだと指摘した。

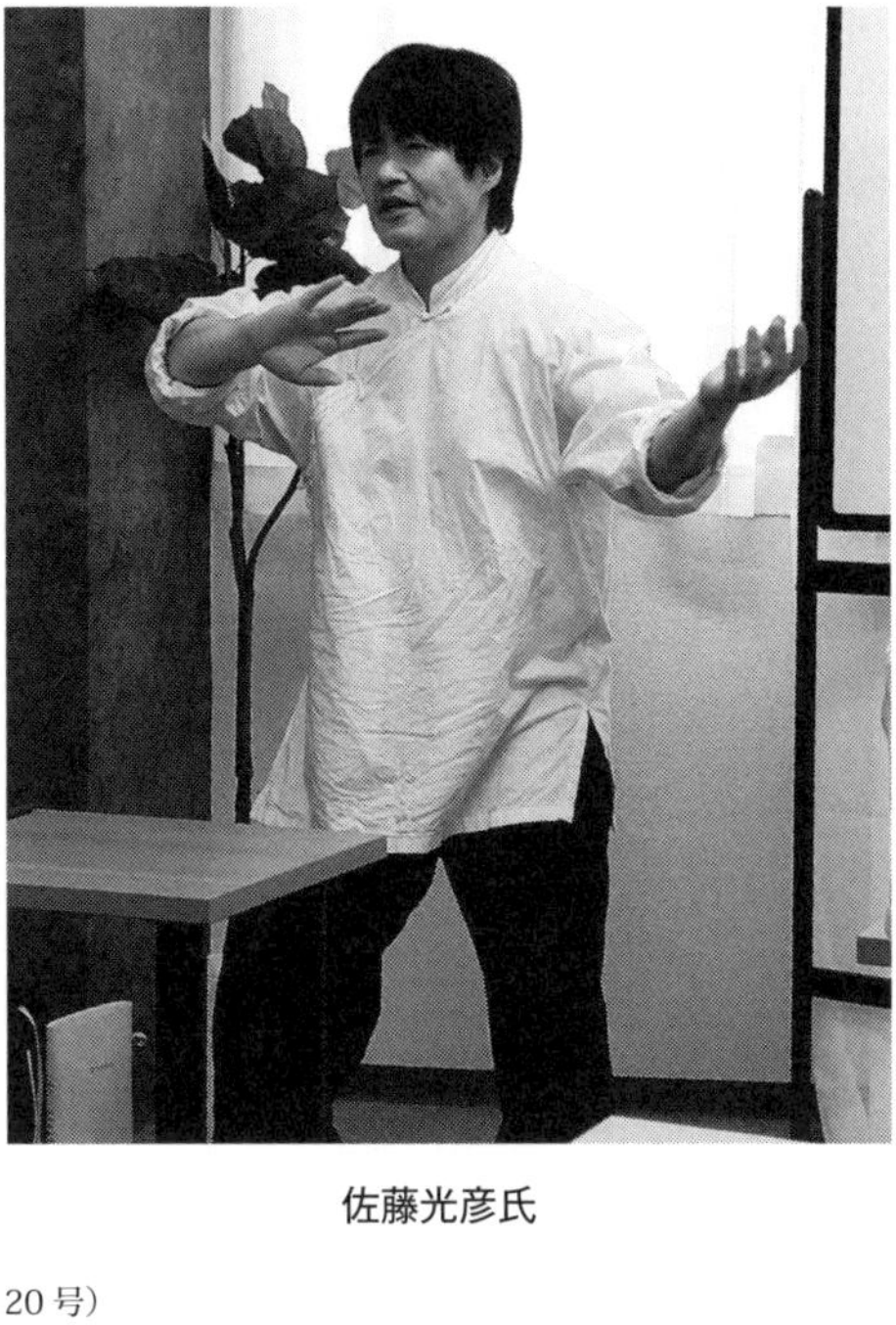

佐藤光彦氏

佐藤氏はカンフーの動きが陰陽の調和に基づいていることを、実際のアクションによって説明した。

さらに佐藤氏は、リラックスを重視するという特徴を持つカンフーに対する欧米人の関心が高まっていると指摘した上で、カンフーの価値を欧米人を含む世界の人々に気づかせたのは、ブルース・リーにほかならないと述べ、その功績を称えた。

格闘技とアジア

大アジア研究会代表　小野耕資

格闘技の母体はアジア

世界の格闘技はアジアを抜きにして語ることはできない。もちろん興行としての格闘技に西洋近代風のスポーツ的発想、ショーとしての発想が付きまとうことは言うまでもない。だが、世界中でなぜこれほどまでに格闘技が発展、洗練されてきたのか。その歴史をひもとくと、アジアの精神性、文化性、そしてアジア人のかかわりが深いことが見えてくる。その歴史はあまりに膨大かつ多様である。本稿ではその一端をご紹介したい。

もちろん格闘技の元となる武術は、戦場で生き残るために身体を鍛える目的から始められた。だがヨーロッパでは銃火器が早くに誕生したため、格闘術があまり重視されなかった。もちろん古代エジプトやメソポタミアから始まり古代ギリシャや古代ローマに通じる格闘術は一定のものが存在した。現在のボクシングやレスリングの源流もそこにあるようだ。しかしその歴史は東洋武術ほどの深化はなく、むしろ近代にアジアとの交流の中で再興された面がある。

武道精神の源流、古神道

日本では江戸時代から武術が一定の流派として認められ、広められていた（もちろんその前史として格闘術は伝えられている）。剣術においても塚原卜伝や上泉伊勢守といった伝説的剣豪を基としながら鹿島神流や新陰流などさまざまな流派が生まれていった。興味深いのはこれら剣術の各流派とも神道と深い関係を有していたことである。これは剣術に限った話ではなく、兵学もまた単なる用兵術ではなく、神道的教えが加味され、その中に尊皇論が含まれるといったことが起こった（兵学については拳骨拓史『兵学思想入門』（ちくま新書）が詳しい）。それは単に精神性において神道的なものが加味されたというだけでなく、例えば剣術においては押して切るのではなく引いて切る動きに農作業の伝統を見たり、あるいは剣に神器の要素を持つことにもつながっていった。そして当時の神道は神仏習合時代なので真言宗的密教要素や禅的要素なども加わっており、これらと武道は共通のものを持つことにもつながっていった。丹田を意識した身体の使い方などは、重心を意識する武道的技術論にもつながるし、神道的行法、呼吸法、鎮魂法にもつながっていく。

明治政府は俗にいう国家神道を確立したが、諸外国の批判もあり国民儀礼的要素が強くなり、むしろ神道の教え、信仰的側面から見ると問題も多かった。行法や呼吸法など身体と一体となった信仰は「古神道」と称し、むしろ教派神道の中に息づくこととなった。そのなかで植芝盛平による合気道の成立はそうした神道的要素をかなり自覚的に取り入れたものであった。和歌山の田辺に生まれた植芝はあらゆる武術を学ぶが、その中で同郷の南方熊楠の神社合祀反対運動に共鳴する。これは国家神道政策により地元の神社を統合していこうという政府の方針に対し、熊楠が地域の信仰を重んじる観点から異を唱えたものである。

そうした中で大東流の柔術を興していた武田双角に出会う。武田は剣術を学んでいたがある日福島の霊山神社の宮司をしていた保科近悳（元会津藩家老の西郷頼母）から「剣術を捨て、合気柔術を世に広めよ」と言われ独自の柔術を興したという伝説を持つ人物であった。保科は会津藩家老として垂加神道的信仰を持ち剣術、柔術、槍術、弓道など数多くの武芸にも精通した人物である。植芝はこの武田に魅了され、大東流柔術を修めることになる。そしてその後父与六の病気快癒を願うため綾部に出向き出口王仁三郎と出会い深く魅了され、大本に入信することになる。そのため合気道には大本や垂加神道など古神道的精神が深く入り込むこととなった。植芝は「合気道は禊である」といい、煩悩や生死へのこだわりを超越する手段として合気道をとらえた。単純に相手を倒す手段としての武術ではなく、克己の手段として武術をとらえる感覚は中国武術との関係を思わせる。神道や密教の源流となった東アジアの原信仰が武術と切っても切れない関係となったために、両者の世界観は似たようなものになったのだと言えるだろう。

柔道を母体としたグレイシー柔術

現代の格闘技において試合は欠かせないが、これまで見た通り、本来の武道は克己の為に行うものであり、安易に勝ち負けを決める試合は「死合」に通じるものとして嫌われる傾向にあった。とはいえ現代の格闘技隆盛時代にこのスポーツ的要素は欠くことはできない。その相克は柔道の歴史に表れている。

柔道は嘉納治五郎が各柔術を学んだうえで講道館を設立し始められた。治五郎自身は修身法、人間教育の手段として柔道を位置付けている。しかし明治二十年代から警察官の必修科目として柔道が採用されたり、明治二十八年に大日本武徳会が設立され体系化が進むと、「段位制」などが始まり、ルール整備など近代スポーツとしての要素が強くなった。のちにオリンピック種目にもなる柔道はこの講道館におけるスポーツ柔道を指す。

しかし柔道はむろん講道館だけでなく、むしろ講道館は柔術の歴史から見れば「一番成功した町道場」といった程度の位置づけでしかなかった。俗に「講道館四天王」と呼ばれた西郷四郎（姿三四郎のモデル）、富田常次郎、横山作次郎、山下義韶のうち、西郷、横山、富田は天神真楊流であり純粋な講道館の弟子とは言えなかった（嘉納治五郎自身も天神真楊流に学んでいる）。このうちの横山作次郎の弟子に弘前出身の前田光世がいる。前田は柔道宣揚のため渡米し、そこで講道館四天王の一人富田常次郎が米ホワイトハウスで体重百六十キロの米巨漢選手に敗れるというハプニングがあり発奮。世界各地で異種格闘技戦を行うこととなった。この前田光世が最後に行きついた地がブラジルであり、この前田に魅了されたのがカーロス・グレイシーであった。カーロスの弟エリオ・グレイシーが兄の技にさらに磨きをかけて編み出したのがグレイシー柔術である。日本ではエリオの息子であるヒクソン・グレイシーやホイス・グレイシーが総合格闘技で活躍したことで有名である。

同じく講道館柔道で達人と称されたのが牛嶋辰熊であった。牛嶋は熊本出身で肥後柔術を修めた人物で、のちに講道館柔道の達人と称されるがむしろ源流は肥後柔術である。肥後柔術は腰に短い木刀を差して試合をやり、投げて組み伏せ、最後は木刀で相手の首を掻き斬る動作をして一本勝ちとなるルールもあるなど、より武士の体術としての側面を濃厚に残していた。牛嶋は病気もあり昭和九年の皇太子誕生記念天覧試合に勝つことはできなかった。そのことに深く煩悶した牛嶋はそのころ知り合った陸軍の今田新太郎の紹介で石原莞爾と会い、魅了される。そのつてで加藤完治（石原や筧克彦に傾倒し満洲開拓を進めた農本主義者、直心影流の剣道家でもある）などと深く付き合うことになる。もともと日蓮宗の信者でもあった牛嶋は石原の東亜連盟にも参加するなど深い関係を有し、戦時中には東條英機暗殺計画を立てるまでに至るのだ。ちなみに牛嶋は東亜連盟系の武術団体義奉会にも参画するが、ここで牛嶋と交流し牛嶋に魅せられたのが、極真空手を創設する大山倍達（崔永宜）である。

この牛嶋の弟子が昭和天皇の天覧試合を制した木村政彦であった。木村は戦後プロ柔道家となるも窮迫し、ブラジルに渡り、昭和二十六年エリオ・グレイシーと闘い勝利している。木村はエリオと闘い、古流柔術にあり、講道館的スポーツ柔道が失った豊富な関節技の体系と実践性に深い感銘を受けた。もともと柔術は相撲などから派生した戦国時代の格闘技（武器を奪われても戦う技）に中国武術が流れ込み成立したものである。そこには「柔弱こそ強い」という老荘思想の影響も見て取れる。木村はエリオと闘うことでこの柔術の源流を感じることができたのだ（もっとも木村はその後も窮迫しつづけプロレスラーに転身し、力道山とプロレスで闘い負ける）。エリオの方も木村と闘えたことは大きな感慨であり、木村がエリオを倒した腕緘は「キムラロック」と名付けられた。

そのころ講道館柔道はと言えば、まったく違った歴史を歩んでいた。戦後ＧＨＱから武道は「超国家主義および軍国主義の鼓吹に利用され、軍事訓練の一部として重んぜられた」として禁止された。武道が日本精神を形づくるものであったから、それを破壊しようとの魂胆があったのではないかと想像される。それに対し講道館は「自分たちは平和勢力である」「柔道は武道ではなくスポーツである」とGHQに働きかけ、いち早く解禁されていた。アメリカ人にも柔道愛好家が多かったことも寄与したと言われている。その結果柔道はオリンピック種目にもなり「JUDO」として広く世界に認知された。しかしそれは精神性を失ったスポーツ柔道だったのである。

GHQに思想性を抜かれた剣道

柔道と違って剣道はGHQ対策に苦労した。町道場ですら、剣道を教えているとGHQに禁止された。剣道関係者は千人以上公職追放にあう徹底ぶりであった。そのため剣道家たちは剣道をフェンシングに似せてスポーツ化した。フェンシングに似た防具をまとい、竹を布で束ねた竹刀で試合をすることで生き残りを果たそうとした。そんな中弘前出身の国会議員笹森順造はGHQに掛け合い剣道を認めさせようとした。笹森自身小野派一刀流剣術の使い手であった。GHQは米海兵隊の銃剣術の達人と剣道の達人を対戦させよと言ってきた。海兵隊員は本物の銃剣で、日本の剣道家は木刀で闘えというのだから明らかに不利な勝負であった。そんな不利な条件の中での戦いを引き受けたのが、福島出身の剣道家で鹿島神流の復興者、「昭和の鬼武蔵」の異名を持つ國井善弥であった。國井は東京滝野川の自分の道場には「道場破り歓迎」の看板を掲げ「他流試合勝手たるべきこと」を道場の掟とするような異端的（ある意味武道の源流的）剣道家であった。國井は笹森から依頼を受けたとき、「断る？ なんでそんなもったいないことをするのか」と笑ったともいう。海兵隊員と國井の勝負は一瞬で決まった。海兵隊員が刺突したところをかわして、相手の力を利用しながら一瞬で組み伏せたのだ。この勝負をきっかけに、GHQは剣道の活動を許可したという。

GHQの剣道解禁への動きが異端的剣道家によってなされたというのも興味深い出来事である。実際國井は鹿島神流を受け継ぐ者として剣道を中心としたが、剣道だけやっていた人物ではなかった。またかつては武田双角や植芝盛平も鹿島神流を学びに来たとも言われている。鹿島神流は武甕槌大神が悪神を鎮める際に使用した技がその始まりであるとしている。また、建御名方神との力くらべの際に武甕槌大神が使った技が柔術の「霊気之法」の始まりだという。剣は「天下御しろしめす天皇の御業」つまり天皇の「まつりごと」を助けるためのものだという思想を持つ。こうした思想性はいまの剣道界には薄れてしまっている。

格闘技をプロデュースした民族派

黒龍会を興した内田良平の父良五郎が武道の達人であり、神道夢想流杖術を修めた人物であることからも知られる通り、民族派と武道は切っても切れない関係にある。特にその興行的側面も含めればほとんど一心同体ともいえる。

先ほど極真空手を興した大山倍達が石原莞爾の東亜連盟に思想的共鳴をしていたことを書いた。当時の空手は型を重んじる寸止め空手であり、全日本空手道連盟の会長は笹川良一が務めていた。

大山はこれとは違う完全に打撃を打ち合うフルコンタクト空手を創始した。そもそも空手は戦前から防具付き打撃空手が構想されていた。それを受けて戦後山田辰雄が直接打撃制の空手競技を考案・発表し、山田と親交があった大山が広く普及させたものである。山田の師である沖縄出身の船越義珍は沖縄空手をベースに神道揚心流柔術の発想なども取り入れ空手道を創始した。当初からその発想はフルコンタンクトに近く、また山田は関節技もありの今でいう総合格闘技に近い空手も考えていたという。

いずれにしてもそうした空手の伝統を受けて大山が始めたフルコンタクト空手だが、その大山の弟子芦原英幸（のちに大山と決別し葦原道場をつくる）の極真時代の弟子に石井一義がおり、その石井がプロデュースし始めたのがK—1であった。K—1は「立ち技格闘技最強を決める」という謳い文句で始まったものの、事実上極真空手VSキックボクシングという図式であったが、そのキックボクシングは日本生まれの格闘技であるということは意外に知られていない。

山田辰雄はタイのムエタイに関心を持ち、ムエタイを研究し空手とムエタイを合わせた新たな格闘技を構想した。これがキックボクシングである。山田の弟子格でありプロモーターでもあった野口修がこれを手伝い、連れてきた選手が日大空手部出身の沢村忠である。沢村の「真空飛び膝蹴り」は日本で一躍ブームになった。ちなみにK—1の中心選手となったピーター・アーツを輩出したジムであるドージョー・チャクリキやアーネスト・ホーストを輩出したボス・ジムはすべて大山倍達の弟子黒崎健時の流れを汲んだジムである。

さて、キックボクシングをプロデュースした野口修の父野口進（ライオン野口）はボクサーであると同時に民族派の鉄砲玉でもあった。岩田愛之助や佐郷谷留雄と深い関係を持ち、井上準之助や若槻礼次郎の襲撃に関与した。

この野口進は戦前、田邊宗英の帝国拳闘会拳道社に参加してライオン野口のリングネームで活躍した選手であり、日本ウェルター級チャンピオンにもなった人物である。この野口を見出した田邊宗英もまた民族派であり、山梨出身で阪急東宝グループの創業者小林一三の異母弟である。世界恐慌の折に右翼浪人となり、頭山満や岩田愛之助らと親交を結び、東條内閣を売国奴だと自身の報告新報で糾弾したこともあった。敗戦は近代文明に溺れて真の人間を忘れていたからだと考えた。そんな田邊が敗戦に打ちひしがれた日本人を勇気づけるためにも戦前も携わっていたボクシングを復興させることに尽力した。昭和二十七年には日本ボクシングコミッションを創設。東洋ボクシング連盟も作り、日本とフィリピンによる東洋ボクシング選手権の開催に貢献した。田邊にとってボクシングは「国家国民が正しく生きていくべき宇宙の真理を其のまゝに現はした」国体精神を護持する手段であった。田邊はその盟友正力松太郎とともに戦後のいわゆる親米保守的立場であったが、田邊の心奥には「大東亜」の理想再生という思いがあったのではないだろうか。

まとめ—格闘技と右翼思想

さてここまで格闘技と神道やアジアの伝統精神との関連、そして民族派とのかかわりがさまざまな形で行われてきたことを見てきた。紙幅もあり日本の格闘技、武道に限定したが、中国武道をはじめとした他のアジアの武道も共通の精神性を有している。それは格闘技がアジアの土着的信仰、思想から芽生えたものだからだ。

右翼思想には理性に止まらない身体性が潜んでいると言われる。例えば伊福部隆彦は、孔子を「人間の知性によつて人為的に文化を創造せんとした」のに対し老子を「人間知性の限界を認識し、それを超えてこの宇宙の本体に直ちに合一してそこに文化をもたうとした」という。伊福部の老子理解の是非はともかく、右翼思想が知性だけでなく身体全体で宇宙とつながろうとする発想に立つということは言えるだろう。そのとき体全体を使う格闘技やその元となる呼吸法が右翼思想と密接な関連を持つのも当然と言える。

近年の右派、保守思想は近視眼的かつ政局的で、世界観全体を一変させるような迫力を持たない。敢えて言えばプロパガンダに過ぎずこのために死ぬというような哲学ではない。だから何の迫力も持たない。何のために生き、死ぬのかという根本に還った時には、日本あるいはアジアの源流に戻るよりないのだ。

西洋近代の持つ理性的な合理性を超えて、からだ全体で宇宙とつながる発想は、アジアの原思想にまで通じている。格闘技の精神性がアジアで深化した理由は、此処にあるのではないだろうか。

玄洋社社長・平岡浩太郎の悼辞を読んだ大隈重信

（一社）もっと自分の町を知ろう 会長
浦辺　登

大隈重信襲撃事件の秘話

明治22年（1889）10月18日、外務大臣大隈重信が乗った馬車をめがけて爆裂弾が投じられた。投じたのは玄洋社の来島恒喜。幸い、大隈は一命をとりとめたものの、右膝から下の足を失う。来島は襲撃成功を確認すると、外務大臣公邸前で短刀を頸に突き立て自決した。いわゆる「大隈重信襲撃事件」だが、歴史書の多くは大隈対「テロ」集団玄洋社として述べ、事件に至った背景、その後の大隈と玄洋社との関係について語られることは皆無だ。しかし、この事件から17年後の明治39年、玄洋社初代社長・平岡浩太郎は病没。大隈は悼辞を読み、平岡の墓所に立つ顕彰碑にも大隈は名前を刻んだ。大隈と玄洋社は継続して敵対関係にあると世間は信じ込んでいるが、真実は真逆にあったのだ。

平岡の顕彰碑に刻まれる大隈の名前

玄洋社初代社長である平岡浩太郎の菩提寺は聖福寺（福岡市博多区御供所町）だ。山門脇には、「玄洋社初代社長　平岡浩太郎　菩提所」、その右わきには「第三十二代首相　廣田弘毅　菩提所」と刻まれた石柱が立っている。廣田弘毅もれっきとした玄洋社員だが、廣田家の墓所近くに平岡家の墓所がある。

平岡浩太郎の墓碑三面には盟友・頭山満の撰文が刻まれている。この撰文は頭山が読んだ悼辞文でもある。その墓碑の真向かいに顕彰碑はある。一枚の自然石であり、樹木の陰になっているため、それが顕彰碑であ

聖福寺の平岡浩太郎顕彰碑。「大隈重信篆額」と刻まれている（左）

ると気づく方は少ない。碑に彫り込まれた文字を読み進むのは容易ではないが、左上の箇所を凝視すると「侯爵大隈重信篆額」と読み取れる。「平岡先生」という流麗な文字は大隈の手跡なのだ。

平岡は嘉永4年（1851）6月23日、旧福岡藩士族の家に生まれた。明治10年（1877）の西南戦争では西郷軍に身を投じた。釈放後、自由民権運動団体の玄洋社設立に関り、炭鉱経営で財を成し、衆議院議員にもなった。しかし、明治39年（1906）10月24日、病没。大隈が襲撃されたのは明治22年（1889）。もし、大隈が自身の生命を狙った玄洋社を憎いと思い続けていたのならば、平岡の顕彰碑に名を遺すはずもない。

大隈襲撃の背景とは

明治22年、政府は大日本帝国憲法を発布した。伊藤博文、伊東巳代治、井上毅、金子堅太郎らが憲法草案を考えたが、全国の自由民権運動団体も憲法草案を元老院に提出した。玄洋社も憲法草案を二つ提出している。

なぜ、玄洋社の来島恒喜は大隈を襲撃したのか。それは、徳川幕府が欧米列強と締結した不平等条約改正を大隈が進めていたが、「大審院（最高裁）判事に外国人を入れる」という妥協案で交渉していた。大隈は、大日本帝国憲法に記載される「官吏は日本人に限る」

という項目を無視した。現役の閣僚が憲法に抵触することを知りながら、外交交渉に臨むのはいかがなものか。日本全国の自由民権運動家たちは、大隈の条約改正案に反対し、運動を激化させた。しかし、反対意見は新聞紙条例、集会条例、讒謗律によって封じ込められた。そこで、やむなく、最終手段としての大隈襲撃となったのだ。

大隈重信の悼辞から

大隈が平岡のために読んだ悼辞を読み進むと、大隈と平岡は襲撃事件前から人間関係があったことがわかる。それでも、平岡は反対運動の渦中にいた。大隈は来島が投じた爆裂弾を「単に一個の意思」と記す。この「単に一個の意思」は「一個の石」と読み替えても良いのかと訝る。

大隈は来島が爆裂弾を投じて後に自決したことを「身を殺して仁を成す」という論語の言葉で表現した。崇福寺（福岡市博多区千代）の玄洋社墓地には来島の墓碑がある。そのそばには頭山満手跡の「殺身成仁」と彫られた霊塔がある。大隈は、来島の行為を「献身的精神の発揮」と断じる。そして、平岡を「（来島の献身的精神と）同一の精神気概を有したる一個の好漢、快男児なり」と評する。まさに、黒田武士（平岡）と葉隠武士（大隈）との意地と意地の果し合いを彷彿とさせる。

ちなみに、玄洋社墓地に足を踏み入れたアジア各地の運動家たちは、来島を「アジアの英雄」と称える。もし、来島が大隈の外交交渉を止めなかったら、日本は植民地支配を受け、アジアも永遠に欧米列強の植民地のままだっただろうと口にした。

明治14年（1881）の政変によって大隈は下野した。金子堅太郎の「自叙伝」によれば大隈が政界復帰を遂げることができたのは黒田清隆の尽力によるという。黒田は組閣の際、大隈を外務大臣として入閣させた。黒田が大隈を最後まで罷免しなかったのは、任せたからには最後までという配慮だったのだろう。

先述の金子の「自叙伝」では「平岡が、なぜ、大隈に肩入れするのか理解に苦しむ」と愚痴っている。対立するかと思えば協調する平岡と大隈。人間関係、実に不思議だが、両者の間には、日本の行く末を思う心情において毛一筋の違いも無かったということに尽きる。

悼辞　大隈重信

ああ、人生は無常なり。平岡君は齢《よわい》において余より少なきこと十有餘年にして平常最も壮健に、最も快活なる人物なりき。しかして、いわゆる鎮西の快男児という辞《ことば》は、余、平岡浩太郎において、之を見るなり。余は君の青春時代における経歴を知らずといえども、君と相識《し》りて以来、二十有餘年に及べり。しかして、君の境遇の最も悲惨なりし明治十年前後においては、内は親戚無く、外《あた》は朋友の為に見離され、ほとんど身を保つこと能はざる時なりしなり。

余は君の霊《みたま》に向かって言わんとす。君は是れ古武士＝封建武士的感の発動する人物なりと。この古武士的感情は漸次《ぜんじ》日本の膨張しつつある国家に関繋《かんけい》すること極めて大なることを疑うこと能はざるなり。しかして、武士的感情活動するや火の燃ゆるがごとく、噴火山の破裂するがごとく、非常に猛烈なりしなり。余は君と平素の交わりありしに係わらず、明治二十二年、余の條約改正に従事するや、頗る国民の感情を害《そこな》い、国民的反対運動あり。君もまたその中に在り、君の部下の一人は、余を殺さむとしたりき。これ、その余の條約改正をもって、国家に害ありと信じ、単に一個の意思をもって、いわゆる身を殺して仁を成すという献身的精神を発揮したるものなり。しかして、君はこれと同一の精神気概を有したる一個の好漢、快男児なりしなり。あたかも国家に大事あり、外交多難を極むる毎に、君は終始活動して、その行動の猛烈なる、あたかも献身的精神を発揮せざるは無かり。

彼の日露戦年前、和戦の論大いに起こるや、君は天下の志士を率いて、大いに画策する所ありしたり。しかして戦後、国運大いに膨張せむとしつつあるの今日、畢世《ひっせい》の目的、正に達さむとする時に当たり、忽焉《こつえん》として長逝したるは、余は独り友人として之を悲しむのみならず、深く国家の為に悲しまざるを得ざるなり。殊に、余のひとたびその身をも失われむとしたる境遇より憶《おも》い起こして、通切なる感情に打たれざらむと欲するも、能はざるなり。

今や斯世《きせい》を辞すといえども、君の武士的感情、武士的精神は将来の国民に向かって、偉大なる感動を与え、将来の国民に向かって偉大なる感化を与うることを疑はざるなり。

君、在天の霊《みたま》、余が哀悼の辞を享けよ。

天皇を戴く国（十）
GHQによる「記憶と誇りを失わせる戦争」

元衆議院議員　西村眞悟

阿南惟幾陸軍大臣の遺書

我が国の歴史的なポツダム宣言受諾の通告は、昭和二十年八月十四日午後十一時、連合国に対して打電され、「終戦の大詔」は、翌十五日正午、玉音をもって全国に放送された。この終戦の詔勅について、時の内閣総理大臣鈴木貫太郎は、次のように記している（鈴木一編『鈴木貫太郎自伝』）。

「その内容はほとんど二回にわたる御前会議における陛下のご発言をそのまま内容とし、これを字句の上から修正したものであって、閣議で議論数時間にわたった要点は、いかにこの陛下のご聖慮を正しく反映させるかに終始したものである。」

まことに、「大東亜戦争終結の詔書」は、陛下の御前会議におけるご発言を、そのまま内容としたものである。そうでなければ、閣議においても御前会議においても、一貫して強硬に終戦に反対してきた陸軍大臣阿南惟幾陸軍大将が、陸軍大臣として詔書に副書するはずがない。陛下のポツダム宣言受諾の御聖断を以て締めくくられた最後の御前会議終了に際して、陛下に取りすがるように慟哭した陸軍大臣阿南惟幾に対して、陛下は、「阿南、阿南、私には國體を護持できる確信がある」と言われた（藤田尚徳著「侍従長の回想」）。その陛下のお言葉が、詔書にそのまま記されている。「朕ハ茲ニ國體ヲ護持シ得テ」と。

そして、連合国へのポツダム宣言受諾の通告後の日付が十五日に変わる前、阿南陸軍大臣は、総理大臣室を訪れ鈴木貫太郎総理に最後の挨拶をした。その時、総理大臣室にいた迫水久常内閣書記官長は、十年後、

その時の状況を次のように語っている。

「阿南陸軍大臣は軍帽を持って刀をつってはいってこられた。そして、この数日来、私が申し上げたことは、総理大臣閣下に対し非常なご迷惑をお掛けしたことと存じまずが、私の本旨といたしますところは、ただ皇室のご安泰を祈ること以外になにものもございません、どうぞご了解をお願いします、と言われた。

すると鈴木総理は、阿南大将のそばに寄られ、大將の肩に手をかけて、陸軍大臣、あなたの心持ちは私が一番よく知っているつもりです。とまずこう言われました。そして、さらに続けて言われたのです。私は、この鈴木総理のお言葉の意味が、ほんとうによく解らないような気もするのでございますし、同時に非常によく解るような気もするのでございますけれども、鈴木総理はこういわれたのです。

阿南さん、皇室はご安泰ですよ、なんとなれば、今の陛下は春秋におけるご先祖のお祀りを、必ずご自身で熱心になさる方でございますから、こういわれました。

阿南大臣はそれをお聞きになりますと、両方のほおにずっと涙を流されまして、私も固くそう信じます、と言われて礼をされまして、静かに部屋をでていかれたのであります。」

それから、永田町の陸軍大臣公邸に戻った阿南は、紙に「一死以テ大罪ヲ謝シ奉る　昭和二十年八月十四日夜　陸軍大臣阿南惟幾」と墨書した。

そして、八月十五日未明、阿南は、皇居に向かって座し、刀を腹に突き立てた。すると、阿南の心に陛下にお告げしたい最後の思いが強く湧き上がった。それは、六時間後に迫った十五日正午、陛下が全国民に告げられる詔書に記された「確ク神州ノ不滅ヲ信シ」という陛下の思いに応じる最後の一言を遺すことであった。

更に、昭和十三年に師団長として戦線に赴く時に、陛下が自分と二人きりで食事をしてくださった感激を謳った歌を辞世として書き記すことだった。よって、阿南は血だらけの手で遺書に「神州不滅ヲ確信シツヽ」と書き加えたのだ。そして、辞世として「大君の深き恵みにあみし身は　言ひ遺すべき片言もなし」と書いた。まさに、阿南の遺書は、戦場で斃れた兵士が血を流しながら書いた血だらけの遺書と同じである。陸軍大臣阿南惟幾陸軍大将、八月十五日午前五時半自刃、午前七時十分絶命、検視、陸軍省衛生課長山月三郎大佐。介錯の痕跡無し。

陸軍大臣阿南惟幾陸軍大将の自刃は、十五日正午の玉音放送と共に全陸軍に知れ渡り、全陸軍将兵に対する強烈で厳粛なる「終戦の告示」となった。その夕べ、阿南の遺体は市ヶ谷台の陸軍省に移され野戦法式によって荼毘に付された。十六日午前六時、陸軍省将校集会所において陸軍葬。前記、迫水久常は、後年「私は、日本の終戦の最大の功労者は鈴木貫太郎大將と阿南惟幾陸軍大臣であることを堅く信じておるものであります」と語った。

「武器を使わない戦争」で敗北した日本民族

そこで、この八月十五日正午に「大東亜戦争終結の詔書」を玉音放送によって伝達された国民は如何にしていたのであろうか。その状況を八月十六日の朝日新聞は次のように伝えている（江藤淳著「忘れたこと、忘れさせられたこと」より）。

その見出しは、「二重橋前に赤子の群れ」、「立ち上がる日本民族」、「苦難突破の民草の声」。

〈静かなやうでありながら、そこには嵐があった。国民の激しい嵐であった。広場の柵をつかまへて泣き叫んでいる少女があった。日本人である。みんな日本人である。泣けるのは当然である。群集のなかから歌声が流れはじめた。「海ゆかば」の歌である。一人が歌い始めると、すべての者が泣きじゃくりながらこれに唱和した。またちがった歌声が右の方から起こった。「君が代」である。歌はまたみんなに唱和された。あゝ、天皇陛下のお耳に届き参らせたであろうか。天皇陛下、御許しください。天皇陛下！悲痛な叫びがあちこちから聞こえた。一人の青年が立ち上がって、「天皇陛下萬歳」とあらんかぎりの声をふりしぼって奉唱した。群集の後ろの方でまた「天皇陛下萬歳」の声が起こった。将校と学生であった。あすもあさっても「海ゆかば」は歌ひつゞけられるであらう。民族の声である。大御心を奉戴し、苦難の生活に突進せんとする民草の声である。日本

民族は敗れはしなかった。〉

この朝日新聞記者は、二重橋前の日本人の一群をみて「日本民族は敗れはしなかった」と総括した。しかし、この記者も民衆も、十五日後の八月三十日に厚木に降り立つＤ・マッカーサー率いるアメリカの占領軍が、「日本民族」を抹殺するために「記憶と誇りを失わせる戦争」を開始することに気付かなかった。

即ち、占領軍は検閲によって言論を奪い、戦犯処刑と公職追放とＷＧＩＰ（War Guilt Infomation Program）によって罪悪感を与え、「日本国憲法」を押しつけて無力化を計った。その結果、日本民族は、「武器を使わない戦争」で敗北したのだ。よって、現在に生きる我らの使命は、この「敗戦」を克服することである。その方策は、歴史を取りもどし、我が国が昭和十六年十二月八日に発した「帝国政府声明」と同十八年十一月六日に発した「大東亜共同宣言」に掲げた戦争目的が、世界において実現されていることを確認し、英霊を追悼するのみではなく、その栄誉を讃えなければならない。そのうえで、天皇陛下の靖國神社への御親拝を戴くことである。

ワン・ワールド経済からの脱却②

支那の食糧買い占め

祖国再生同盟代表・弁護士
木原功仁哉

戦略兵器としての食糧

令和5年8月2日、ロシアがウクライナ南部オデッサ州の穀物倉庫をドローンで攻撃し、アフリカ、支那などに輸出する予定であった穀物約4万トンが被害を受けた。これを機に、米シカゴ商品取引所の小麦の先物価格が5%近く上昇したという（同月4日付け共同通信）。

穀物価格は、戦争、コロナ禍、天候不順など様々な外因的事情で変動する。その根本的原因は、穀物が原油や通貨と同様に投機の対象となっているからであり、その結果、物価高という形で市井の生活を脅かしている。

そもそも、穀物が投機の対象と認識されるようになったのは米ソ冷戦の時代に穀物が「戦略兵器」としての役割を担うようになってからである。

すなわち、昭和47年、ソ連の穀倉地帯が凶作となり、それが今後慢性化すると予測したアメリカが、急遽これまでの禁輸政策を一変させ、余剰穀物を戦略兵器としてソ連に提供する構想に基づいてソ連へ緊急輸出し始めたことである。敵国に対して食糧を供給することは敵国を救うためではない。敵国が他国からの食糧支援に依存し続ける状態になれば、敵国との戦争時にはその供給を停止することによって敵国の経済を混乱させ餓死に追い込むことができる。それが火器を用いた武器を使用する以上の強力な兵器となるからである。強力な火器を使っても穴蔵に逃げ込んだりして生き延びることができるが、食糧を止められたら穴蔵に逃げても餓死して絶滅する。食糧を戦略兵器に使うということは、絶滅させる威力がある。

ところが、皮肉なことに、翌昭和48年4月、今度はアメリカが異常気象による凶作となり、トウモロコシ、大豆がアメリカでは絶対的に不足した。その結果、食肉価格の高騰を招き、同年6月27日、アメリカは、我が国向けの大豆の輸出を停止し、我が国の伝統食品である豆腐や味噌などの製造に多大な影響を与えた。

そして、こうした冷戦下における米ソ間の対立を機に、いわゆる大手国際穀物会社（穀物メジャー）が世界の穀物流通に影響力を持つようになったのである。

支那の穀物買い占め

最近、世界の人口の約2割を占める支那が穀物の輸入量を増加させ、世界の在庫の過半を占有するに至ったことが日本経済新聞などで取り上げられた。

アメリカ農務省の資料によると、支那の令和2／令和3年度の小麦の輸入数量が、令和元年（平成31年）／令和2年度の537万トンから1050万トンへと倍増させ、粗粒穀物（その中心はトウモロコシ）については輸入数量が1749万トンから4325万トンへと2・5倍に増加させ、現在は高止まりの状況である。

トウモロコシは、主に飼料用として消費される。支那では食肉生産の7割が豚であり、養豚用飼料として輸入トウモロコシが必須なのである。その輸入相手は主にアメリカとウクライナである。

支那は、こうした輸入量増加の結果、令和3年／4年度の世界の穀物在庫の過半（小麦は約5割、トウモロコシ約7割、コメ約6割）を占有するに至った。

さらに、支那は、ロシア・ウクライナ戦争が開始した令和4年2月、ロシアからの小麦輸入を拡大すると発表した。支那は、それまではロシア産小麦が植物検疫を充たしていないことを理由に輸入制限を行ってきたが、これを全面解除し、ロシア全地域からの輸入を可能にした。西側諸国による経済制裁が科されてきたロシアにとってその恩恵は決して小さくない。

習近平指導部は、平成25年に「一帯一路」構想を唱え、アメリカの対支包囲網に対抗する広域経済圏の構築を進めてきた。この構想の目的の一つは「食糧安全保障」であり、これまでに中国〜中央アジア〜ロシア経済回廊、中国~パキスタン経済回廊、黒龍江省とロシア間の農業協力(大豆、小麦)などを構築し、食糧の輸入ルートを確保してきた。ウクライナとも平成27年に一帯一路協定を締結し、令和2年には湖北省武漢市~キエフを結ぶ貨物列車「中欧班列」を開通させ、ウクライナ産穀物を支那に輸送するための鉄道網を完成させた。

台湾併合に向けた食糧の備蓄

中共の悲願は台湾併合であり、それが「核心的利益の核心」というのである。しかし、台湾に対する軍事攻撃を開始すればアメリカは黙ってはおらず、西側諸国がこぞって経済制裁を講じることは確実である。こうした事態に備えて、中共は14億人分の食糧を賄えるだけの備蓄をし、あるいは輸入ルートの確保が必要なのである。こうした一帯一路構想や食糧買い占めの目的が台湾有事の準備にあることは、本誌の読者にも容易に理解できることであろう。

戦時において食糧調達の成否が戦局を左右することは、以下の歴史的事実が物語っている。

それは、昭和17年11月20日に第八方面軍司令官としてニューブリテン島のラバウルに着任した今村均陸軍大将が、ガダルカナル島の悲劇を教訓として内地などから弾薬、糧秣などの兵站が途絶えることを想定し、自ら率先して島内に広く田畑を耕作して完全な自給自足体制を確立し、米軍の空襲と上陸に対抗する強固な地下要塞を建設したことである。そのため、マッカーサーは、ラバウルへの攻撃を断念し、ラバウルだけを回避して、皇軍が守備する太平洋上の諸島への補給を阻止して皇軍将兵を餓死させる飛び石作戦へと転換した。その結果、ラバウルは敗戦まで死守され、約十万人の皇軍将兵は玉砕することなく内地に復員したのである。これは、自給自足体制が防衛力としては何個師団もの兵力に匹敵するのである。

こうした歴史的事実をみても、世界の各国が食糧を戦略兵器と位置付け、争奪戦が行われるのは無理からぬものがある。

食糧植民地となった日本

しかし、戦後の我が国は、大東亜戦争中のこうした先人の経験を全く顧みることなく食糧自給率を低下させ続け、現在ではカロリーベースで38％（令和4年度）にまで低下した。

我が国にとって最大の輸入相手国はアメリカで、輸入金額は2兆4000億円（令和4年）、次いで支那の1兆6000億円、オーストラリアの8235億円と続く。

我が国が食糧輸入国に転換したきっかけは昭和35年1月に改定された新日米安全保障条約であり、両国の経済協力条項が新たに盛り込まれた。これによって、我が国は工業立国として高度経済成長期が始まり、生産性の優れた工業に特化して、安価で性能の高い工業製品をアメリカ市場に売り込むことができる一方、アメリカからは安価な穀物を主体とした農業製品の輸入を余儀なくされる。当時の食糧自給率は約80％であったが、昭和35年を機に下降の一途をたどることとなる。

そして、昨今の世界の食糧価格の高騰は、食糧輸入国の我が国の経済を直撃し、物価高や円安など、ありとあらゆる弊害をもたらしている。こうした状況で、仮にアメリカと支那の利害が一致し、協調して我が国に対する農産物の輸出をストップさせればどのような事態になるか、想像するだけでも恐ろしいものがある。

我が国は軍事面だけでなく食糧安全保障の観点からもアメリカの植民地となってしまった。このことは政治面にも波及するのであり、今年7月のLGBT法案の成立にあたって、アメリカ駐日大使のエマニュエルが露骨な内政干渉を行ったことがニュースにもなった。これに対し、折本龍則・千葉県議会議員が駐日大使宛てに抗議書を提出し、小生も賛同者に名を連ねたが、こうした形で我が国の伝統的な家族制度、文化及び習俗にまで干渉を受けていること自体に強い危機感を持たなければならない。

平成13年能力7月27日、ジョージ・W・ブッシュ大統領（当時）がホワイトハウスで、National Future Farmers of America Organization（アメリカの未来の農業者を支援する国立機関）の若い会員に向けた演説の中で「君たちは、国民に十分な食料を生産自給できない国を想像できるかい？ そんな国は、国際的な圧力をかけられている国だ。危険にさらされている国だ」と述べたことは、我が国に対する植民地化を宣言しているに等しいのである。

国家社会主義者宣言②
戦後日本は「個人主義的国家」

奈良県御所市議会議員　杉本延博

日本的国家社会主義の基本的原理②

戦前、国家社会主義の思想家として、高畠素之、遠藤無水、津久井龍雄、石川準十郎、林癸未夫などが活動していた。

こうした先人が訴えた思想から国家社会主義の基本原理とは何か?をみていきたい。

「我々の国家社会主義は何を意味するか。我々は先ず、資本労働の対立が、資本主義の存在が、国家滅亡の必然的原因であることを強調する。同時に又、資本労働の調和が絶対に不可能であることを主張する。而も国家の維持発展は、我々にとって何物にも換え難き熱願でなくてはならぬ。我々は資本主義を憎むに非らず、国家をより多く愛するのだ。国家の為には、一切を犠牲とするも敢て持せないのである。茲に於て、我々の到達すべき道は一あるのみ。曰く、資本主義の撤廃これである。資本労働の対立を不要ならしむる愛国的経済組織の樹立これである」（高畠素之著『労働者に国家あらしめよ　国家社会主義の理論的根拠』）

右に引用した高畠素之の文章には、国家社会主義の基本的な意味が簡潔にまとめられている。

大正時代末から昭和初期の時代背景、経済社会状況、国民生活への影響、台頭してきた無産政党など、世相の矛盾を如何に解決していくのか? そうしたことから国家社会主義の変革思想が構築されていく。

高畠が強く主張しているのは「資本主義の撤廃」である。また「資本労働の対立」など階級闘争の含みも見られる。これはマルクス主義と変わらないのでは? 同じでは? と思ってしまう。

しかし高畠は、資本主義を廃絶して、資本労働の階級対立を不要にするため、国家主義に基づいた経済組織の構築を強調している。国家主義を主とした社会主義なので、マルクス主義（プロレタリア独裁→国家の死滅）とは違うのである。

一方、津久井龍雄は次のように訴えた。

「国家社会主義の理想とする国家とは、正に搾取の伴われざる国家の謂であって、かかる国家の確立─即ち資本主義国家・・・─がその当面の目標である。（略）日本国体本来の面目を自覚することによって、最も完全なる・・・国家─無搾取国家を・・し得るものであることを深く信じて止まないものである」（『日本的社会主義の提唱』、・・・は伏字）

国家社会主義の目標は、資本主義の廃絶、搾取のない国家の構築としている。「搾取」といえば、資本家が労働者を搾取することで儲けている等々～マルクス経済学では有名すぎる言葉。「搾取」は資本主義構造のデメリットのなかでも代表的な仕組みの一つである。これらを克服して新しい制度を構築していくことが国家社会主義の目指すところであった。また階級闘争思想に基づくのではなく、日本国体本来の面目の自覚を据えているところが、日本的社会主義たる所以なのだ。

さて資本主義廃絶に向けての対案が必要となってくる。国家社会主義者が唱えた経済社会組織の基本理念とは？どのようなものなのだろうか。

林癸未夫は次のように説いた。

「国家社会主義は私有財産制度の廃止を要求しない。ただその公益化を要求するだけである。しかもこれを公益化するためには、少なくも資本と土地だけは国有又は公有に移すことが必要欠くべからざる手段と認めるのである」（『国家社会主義論策』）

林癸未夫は、資本主義の基本原理となる私有財産制度の制限を訴えている。林だけではなく、すべての国家社会主義者は、資本と土地の国有、公有、共有と私有財産制の制限、撤廃を主張していた。これらの主張は、資本主義思想とは、相反する考えである。資本主義の撤廃をするうえで、資本主義思想とは、対極になるべき思想を提起しなければならない。

また資本主義の廃絶に向けて、資本主義の基本的支柱である自由放任主義と営利主義をなくすこと。そして統制主義と公益主義に基づいた国家社会主義国家の建設を訴えていた。

統制と聞くと、すべての自由が制限されるのか？と思われるだろうが、それは違うのである。例えば、資本と土地が国有、公有されるということは、営利手段として活用される資本と土地の私有を禁止するものである。すべての私有財産の権利がなくなるのではない。個人の生活諸手段や消費諸手段の私有は認められるということ。つまり経済分野に限らず、公益や国家（公共の福祉とも）を侵さないかぎり自由は認められるということだ。

日本的国家社会主義の基本思想を纏めてみると、資本主義のデメリットである搾取をなくし、私有財産制を制限して、営利主義や自由放任主義から公益性と国家主義を重んじた体制へ変わっていくこと、つまり資本主義体制を廃絶して、国家社会主義体制を構築していくことだ。

戦前に唱えられてきた国家社会主義の基本的な思想は、これだけではない。ここで述べたのは、ほんの一部の紹介だ。これから個別具体的なテーマに入っていくので、そこで紹介していきたい。

日本的国家社会主義の国家論①

国家社会主義の国家観とは如何なるものか。国家の本質及び国家観について林癸未夫の思想からみていく。

「国家社会主義は国家が国家の目的を遂行するために取るところの手段である。そしてその目的は国家がその理想を達成するための一段階として必要とするところの当為である。国家の理想は既述の如く、最高完全なる文化を保有する協働的本然社会としての国家を建設することにある。そして国家がこの理想を達成するがためには、全国民の道徳及理智が完全に発達し、その奉仕力が最高度に充実し、国民的協働が遺憾なく行われることを必要条件とする」（『国家社会主義原理』）

概ね国家にかんする考えは以上の論拠で一致しているであろう。国家社会主義にとって国家の存在が一番重要な要素になる。国家主義に基づいて、国家が政治、経済など総ての各種運営、社会主義政策の実現を執り行うということなのだ。

歴史、伝統、文化、言語、民族等々、共通性を持つ国民が国家を形成して生活を営んでいる。これら国家総体の繁栄、発展、建設、防衛が第一共通目的であり、国家は国民の生命、財産等を護っていく。国民は適材適所の場で奉仕、労働、活動（協働）を通じて国家や社会に貢献していく。

国家主義に基づいた国家（民族共同体）のもと、全ての国民が一丸となって、政治、経済、社会諸問題を解決すべく、社会を建設、運営をしていくこと。つまり「個よりも公」が優先される社会（公益優先）であり、一元的国家論、全体主義国家論ということになる。

よくイタリアファシズムと国家社会主義が同じように扱われることもあるが、思想的には違う。「個よりも公」（公益優先）の利益が優先される国家主義としては同じなのだが、経済分野になると階級（労資）協調主義を採用しているので違いがでてくるのだ。国家社会主義は、搾取や階級闘争、資本主義の廃絶を提唱していることから階級協調路線を支持することはできないとするのである。

さて現在の日本国の国家観とは？と問われると個人主義的（多元的）国家となろう。

戦後は、アメリカ、ＧＨＱの戦後占領政策のもと民主主義、個人主義的な憲法を押し付けられた。もちろん民族弱体化の思惑が込められていたことから日本の国柄など排除されていることは当然のことなのだが。その結果、我が国柄に応じた国家観が形成されていない。

ここで個人主義的（多元的）国家観をみてみよう。イギリスが起源で、ホッブス、ロック、ルソー、ラスキ、スペンサー等々が唱えた国家観であり、国家は国民の契約、協議により形成された法的社会ということだ。つまり政治的には民主主義、経済的には資本主義があてはまる。個人が優先される国家だから国家社会主義の一元的国家論とは対極の思想になる。

階級的国家論とは、マルクス主義者の国家論である。国家とは一階級が支配するための機関である。被支配者であるプロレタリア階級の解放のため支配階級を倒して云々とお決まりのマルクス国家観が展開されていくので省略。

以上みてきたように国家社会主義からみた国家論は３つ（全体、個人、階級の国家観）あると主張する。

我が日本の国家は国柄を考慮すると勿論、一元的国家論である。しかし戦後は、個人主義的国家論になった。本来の国家観を取り戻さないといけない。取り戻した時こそ戦後体制の脱却となるのだが～まだまだ道険しかな。

高山彦九郎伝 ❷

彦九郎が辿った歌の道－陸奥行－

歴史学者　倉橋　昇

はじめに

高山彦九郎は日本全国を旅した。訪れた土地のことを詳しく書き記し、その記録は地誌、地理学の観点からも高く評価されている。だが、筆者は本稿で、彦九郎は地理学者の先駆けだったなどと言うつもりは毛頭ない。なぜなら、古来我が国において旅する者は文学・文藝を体現するものだからである。日本武尊、在原業平、西行、松尾芭蕉と同じく、彦九郎も当然、文人として我が国の歴史を貫く一筋の精神を体現する一人である。その旅の行動範囲は西行や芭蕉に匹敵するが、彼ら同様、彦九郎は行く先々で歌を詠んだ。その詠み振りは素直で純粋であった。筆者の勝手な感想だが、素直に、そして純粋に自らが理想として焦がれる対象を歌にするという点において、彦九郎の歌は西行の歌に通じるところがある。

国学者・保田與重郎も彦九郎の文学性について「彼の自身の表現はあまりに純粋であり、いはば詩であつた」と述べている。中古の美の思想から純粋だけが取り出され、勤皇を実践したのだと。（『日本語録』）

西行は歌を詠む際、純粋に「花」を追い求めたが、彦九郎は何を追い求めたのか、本稿を読めばお分かりいただけるであろう。

優しさと厳しさの境地

陸奥の八重の山路を跋分けてけふ九重に入ぞ嬉しき

この彦九郎の歌の詞書には次のように記されている。「寛政二年十一月三十晦日丑の刻計りに大津を立ち、白川橋にて手水し禮服す。三条橋に至りて恐れみ惶み敬みて寶祚長久を頓首拝し奉りてよめる」。つまり、京都に入るにあたり、三条大橋にて御位長久なる天皇陛下を拝し奉り、ぬかずいた際の心を詠んだ歌である。

この歌は、何とも言えぬ趣を持つ。まず、心素直な詠み振りで、「入ぞ嬉しき」という結句に何の嫌味がない。心情を形容詞でそのまま言い表してしまうと、大抵、何の趣もないつまらぬ歌か、形容詞が強くなり過ぎて大袈裟な歌になってしまうものだが、この歌にはそれがない。これをさらりと詠める彦九郎の詠み振りには、どこか西行を彷彿とさせるものがある。肩の力が抜けているのである。この境地に達するには、それこそ歌道における八重の山路を踏分けて来なければならない。そして、そこには己が歩んできた道への絶対的な信頼が感じられる。その道が始まり、そして最後に行き着くところでもある京の都に入るまでの、長い道のりに思いを馳せる時、「入ぞ嬉しき」の素直な詠みぶりが過不足なく人の心に沁み入るのである。

ただ、この歌に趣を与えているはそれだけではない。この歌は少なくとも二つの名歌を連想させる。一つは、平安時代に伊勢大輔が詠んだ次の歌である。

いにしへの奈良の都の八重桜けふ九重ににほひぬるかな

八重と九重を対応させ、第四句「けふ九重に」が全く同じ文句になっている。これにより、彦九郎の歌には都の華やかさ、優しさが漂うのである。

もう一つの歌は、新古今和歌集をお作りになった歌帝、後鳥羽院の御歌である。

奥山のおどろが下もふみわけて道ある世ぞと人に知らせむ

この御歌には後鳥羽院の厳しくも真っ直ぐな大御心が歌い上げられている。それは茨の生い茂る奥山を踏分けて進み、我が国のあるべき道を人々に示そうという御志である。国を想う者で、この険しい道のりに思い及ばぬものはいまい。彦九郎の歌には、後鳥羽院のこの厳しくも素直な御志が受け継がれている。つまり、この彦九郎の歌は、国を想う者が道をゆくことの厳しさをも漂わせているのである。

古へから続く華やかな帝都に思いを寄せつつ、勤皇の厳しき道を歩んできたものにしか詠めない、優しさと厳しさの歌の境地がそこにある。しかも、初めから終わりまで、一切の澱み迷いがなく、調べも立っている。まさに心・姿・詞、全て申し分ない歌と言える。

西行への憧憬

前述の彦九郎の「入ぞ嬉しき」の歌は、寛政二年に松前・蝦夷までに及ぶ陸奥旅行を終え、都入りを果たした際の歌だが、その陸奥行の間、多くの歌を彦九郎は詠んでいる。その中の一つに次の歌がある。

　道の邊に休ふかげも無りけりしばしたたずむ刀根の川水

　詞書には「小船木といへる所にて酒を酌みてえ酔のまにまに読る」とある。現在の千葉県小船木町の利根川の川辺で詠まれた歌になる。この歌は三句切れの体言止めの歌で、新古今和歌集の歌によく用いられる、余韻を残す技法が用いられている。水量が多い「刀根の川水」を前にして、しばし佇んでいる情景が浮かんでくる。おそらく渡し船の出入りが滞っているのではないかと推測される。

　歌の意味としては、「一休みする木陰もないのに、利根川を前にしばし佇む」ことを述べたもので、これ自体秀歌である。だが、彦九郎がこの歌を詠む時に思い浮かべていた「本歌」を知れば、これがもっと奥深く、味わい深い歌であることがわかる。この歌の本歌は西行が詠んだ次の歌である。

　道の邊に清水流るる柳陰しばしとてこそ立ちどまりつれ

　この歌は新古今和歌集に撰ばれているほどの名歌である。「道の辺に流れている清流とそこに生える柳の影があまりにも涼しく、少しの間と思い立ち止まったが……」という意味になるが、この世界観を彦九郎は「刀根の川水」の歌に拝借したというわけだ。ただ、彦九郎の場合は涼しいから立ち止まったのではなく、川水が多いために足止めされたということになり、川水の力強さの余韻が残る。

　「柳陰」の歌を西行がどこで詠んだかは定かではない。だが、室町時代に作られた謡曲『遊行柳』の中では、白川の関あたりにこの柳があることになっている。現在の栃木県那須町芦野の柳がそれにあたり、松尾芭蕉もここを訪れ、「田一枚　植えて立ち去る　柳かな」と詠んでいる。西行が東北へ赴く際にこの歌を詠んだという伝承を彦九郎も勿論知っていたはずで、それを自身の陸奥行の際に本歌取りしたというわけだ。この一事を見るだけで、いかに彦九郎が西行に心を寄せていたかがわかる。彦九郎もまた、後鳥羽院に続く隠遁詩人の系譜を継ぐ者の一人ということになる。

「王朝の風雅」の継承者

彦九郎が隠遁詩人の系譜であるということは、彼もまた、我が国を綿々と貫く「王朝の風雅」の伝統を受け継いでいるということになる。それは、彦九郎の詠み振りを見ても明らかである。次の彦九郎の歌は正に王朝の風雅の作である。

　降りしめる雨さへいとど淋しきに枕に通ふ棹鹿の聲

上州の片田舎に生まれ育った郷士がかくも見事な王朝風の歌を詠むとは、一体誰が想像できたであろうか。古来、我が国の文藝において小牡鹿の求愛の鳴き声は淋しさの象徴である。

　秋萩の恋も尽きねばさを鹿の声い継ぎい継ぎ恋こそまされ（萬葉集二一四五）

この萬葉集の歌は名歌として名高いが、この他にも萬葉歌人・大伴家持の歌として新古今集に撰ばれている次の歌も名歌である。

　さを鹿のあさたつ野辺の秋萩にたまとみるまでおけるしら露（新古今 秋上 三三四）

これは後朝の別れの涙を朝露に見立てた歌だが、同じく萬葉歌人・柿本人麻呂の歌として新古今集に取られている次の歌も「さを鹿」から「妻を恋ふる心」が導かれる歌である。

　さを鹿のいる野のすすき初尾花いつしか妹が手枕にせむ（新古今　秋上　三四六）

これらの歌は萬葉の時代に生まれ、平安、鎌倉の時代へと受け継がれていった「王朝の風雅」の相聞歌の系譜をなす。彦九郎の詠み振りはまさにそれを継いでいると言える。彦九郎の場合、旅の孤独を詠んだものではあるが、さを鹿の妻を恋ふる声を取り入れることで、一種の艶が生まれ、藤原俊成が説いた「歌はただ何となく艶にもあはれにもきこゆる事のあるなるべし」という条件を十分に満たしている。この俊成の言葉は、俊成が式子内親王の歌の学びのために書き送ったとされる『古来風體抄』に記されている。その式子内親王が「旅路の枕」を詠んだ次の歌

　こけむしろ岩根のまくらなれゆきて心をあらふ山水のこゑ（式子内親王集八六）

は、実によく「艶にもあはれにも」聞こえるが、彦九郎の「棹鹿の聲」の歌もこれに通じるものがある。この彦九郎の歌は、平安・鎌倉の歌にも全く引けをとらぬ風雅を備えており、筆者はこの歌を自身の作歌の際の手本としたいとさえ思っている。

歌枕と歌道

歌詠みが旅をする時、当然、歌枕を訪ねることになる。実際に名歌が詠まれた土地に赴き、そこの草木を眺め、鳥や虫の声を聞くことで、歌の言霊に触れることができるのである。そして、自らもそこで歌を詠むことで、先人に続き自らが辿ってきた歌の道を後世に繋げていく。これは歌詠みの本能というべきもので、彦九郎もまた例に漏れない。

錦木の千束の後を思ひ来るに袖も時雨にぬるる頃かも

この歌は寛政二年秋に彦九郎が、現在の秋田県鹿角市にある錦木塚を訪れて詠んだ歌である。錦木とは、楓木、酸木、樺桜、槙木、苦木の五種の木の枝を三尺に切り一束としたもので、「仲人木」とも言われ、縁組に用いられるものであるという。仲哀天皇の御代、鹿角の地に錦木を作ることを生業とする若者があり、京都から赴任してきた郡司の家の姫に恋をしたという。若者は錦木を姫の家の前に毎日置いた。姫もまたその若者に心を寄せるようになったが、機織りの名手であった姫には大事な役目があった。村の子供たちが大鷲にさらわれないように鳥の羽を混ぜた織物を織っており、その成就のために三年三ヶ月の願掛けをしていた。これにより姫は若者を受けれいることができなかった。それを知らぬ若者は錦木を運び続け、あと一つで千束となる日、とうとう力尽き亡くなってしまった。姫もまた数日後、後を追うようにこの世を去り、二人を憐れんだ郡司が千束の錦木と共に二人を夫婦として葬ったという。因みに、この地の織物は「狭布（けふ）の細布」として世に知られている。

この千束の錦木の伝承は、平安時代の都の歌人たちにも大きな影響を与え、多くの歌に詠まれてきた。

錦木はたてながらこそ朽ちにけれけふのほそぬの
胸あはじとや　能因法師（後拾遺集）

錦木の千束の数もけふみちて狭布の細布胸や逢ふ

べき　藤原俊成（六百番歌合）

人知れぬ心に立つる錦木の朽ちぬる色や袖に見ゆらん　藤原隆房（新後選和歌集）

錦木を心のうちに立ち初めて朽ちぬるほどは袖ぞ知りぬる　寂蓮（寂連法師集）

彦九郎の「錦木」の歌は、これらの歌に則しながらも独自性を保っている。それは、自ら足を運び錦木塚で秋の時雨に袖を濡らした経験と、その歌枕が持つ世界観を融合させることにより為し得たと言える。この一首からも、正統派の歌人としての彦九郎の姿が浮かび上がってくる。

彦九郎の狭布の里訪問には、まだ続きがある。彦九郎が当地の黒澤氏の家に宿りを乞うたところ、人を泊めることのないよう厳しく言われているという返事であった。そこで、彦九郎は次の歌を詠んだという。

陸奥のけふの細布せばくとも心計りは逢はんとぞ思ふ

これにより、彦九郎は黒澤秀公から歓待されたということである。当地の御馳走と濁酒でもてなされ、喜びの余りに詠んだとされるのが次の歌である。

思ふどち思ひの儘に語りつつ濁れる酒を酌ぞ楽しき

これなどは、上機嫌な彦九郎が赤ら顔のまま筆を走らせているのが眼に浮かぶような歌であるが、どこか萬葉歌人・大伴旅人に通じる大らかさを感じる。

結び

彦九郎の歌を見ると、いかによく彼が和歌を学んでいたかがわかる。しかも、江戸時代後期に流行したような擬萬葉調などではなく、萬葉の時代から平安、鎌倉へと受け継がれ、隠遁詩人たちによって日本各地に広まった正統派の詠み振りであった。

これが意味するものとは何か。それは彦九郎が我国を一筋に貫く「日本精神」の持ち主だということである。これは「敷島の道」とも言われる。すなわち和歌によって伝えられ、日本人の心を形成する「道」である。その道は天皇、皇室、都から発するもので、言い換えれば「王朝の風雅」ということになる。彦九郎は「風雅をたずねて国柄を知る」に留まらず、全国を旅し、国を護らんとした。彼の歌とその詠み振りからは「勤皇」へと昇華した風雅の精神がありありと見て取れるのである。

尊皇愛国の経営　第十三回

3つの愛国の温故知新の話

㈱フローラ 会長　川瀬善業《かわせよしなり》

情の大切さを説いた大数学者で、愛国者の岡潔先生

温故知新とは、「昔の事を調べ、新しい知識や見識を得る事」ですが、愛国の温故知新の話を三つ紹介します。

私が三重県の北勢中学校の一年生の時に、担任の伊藤玲子《れいこ》先生から、大数学者で、愛国者の岡潔先生の事を教えられました。

伊藤玲子先生は、奈良女子大学の学生時代に、岡潔先生に直接教えられ、中学校の授業では、いつも岡潔先生に教えられた事を話していました。

「スミレの花はただスミレらしく咲けば良い」という、岡潔先生の言葉があり、これは「数学なんて学んで何の得があるんだ?」という批判に対して岡潔先生が返答した時の言葉で、「スミレがスミレらしく咲いても、それが春の野にどのような影響があろうとなかろうと、スミレの預かり知らない所だ。私について言えば、ただ数学を学ぶ喜びを食べて生きているだけである」と答えています。

伊藤玲子先生はこの言葉に感銘を受け、いつも授業では何回も取り上げて、紹介していました。

岡潔先生は日本を代表する大数学者であり、日本人に道徳の大切さを訴えた愛国者です。

しかし、日本の文化伝統を否定する左翼の教師は、愛国者の岡潔先生の事を良く言っていませんでした。

北勢中学校を卒業後、私は三重県立四日市高校に進学しましたが、二年生の時の担任は数学教師の小田鉄郎氏でした。

小田氏は教師であると同時に、日本共産党の党員でした。愛国者であり、道徳者の岡潔先生に対しては、「随分と幼稚な事を言っていますね」と批判していました。

しかし、仮に岡潔先生がこの場に居て、この様な批判を受けても、岡潔先生は揺るがなかったでしょう。

岡潔先生

同じ数学者で、ベストセラーの『国家の品格』を書いた藤原正彦さんは、岡潔先生を高く評価していました。

藤原正彦さんは、岡潔先生が「情緒の大事さを訴えていた」事に感銘を受けたと言っています。

数学を始め理系では論理が重要視され、「情緒」などという言葉は関係がないと思われるかもしれませんが、藤原正彦さんは「論理だけでは数学の発見はできない」と書いています。

岡潔先生は仏教にも造詣が深く、仏像などが持つ美的感受性を大切にしていました。「美しいものは美しい」と感じる心です。人間は感受性がなければ、山に行っても咲いている花を美しいと感じません。

私の家には、岡潔先生の講演録の「情と日本人」があります。昭和四十七年三月十二日に、奈良県にある岡潔先生の自宅で収録されたものですが、この中で岡潔先生は「日本人は情の人である」と次の様に説明しています。

「人は動物ですが、動物の中で割合に信頼できます。なぜ信頼できるか？というと、人には人の情があるから、信頼できる。みすみすなことは大抵しない。それは人には人の情というものがあるからです。」と言われています。

岡潔先生は『日本人の長所の一つは、「神風」(特攻隊)のごとく死ねることだと思います。あれができる民族でなければ、世界の滅亡を防ぎとめることはできないとまで思うのです。あれは小我を去ればできます。』と、岡潔先生が小林秀雄との対談集の「人間の建設」の中で言われています。

日本に八人しかいない幇間の芸を学ぶ

さらに、愛国の「温故知新」の例で紹介したいのは「幇間《ほうかん》」です。

幇間とは、宴席やお座敷の酒席において、客の機嫌を取る為に芸を見せる職業です。「太鼓持ち」、「男芸者」とも言います。

言葉として知っている人はいると思いますが、実物を見た人はなかなかいないでしょう。私は落語が好きで、上京した時には新宿の「末広亭」、上野の「鈴本」、浅草の「演芸ホール」で、落語を聞いています。

私は落語の中でしか、幇間を知りませんでした。幇間は昔の職業で、今の日本では廃れてしまっていると思っていました。

しかし、令和二年の十月二日に、三重県四日市市の料亭の「大正館」を訪れた時、女将が「幇間を呼ぶ事ができますよ」と言うのです。大正館の女将によれば、「現在は日本に幇間が八人いて、一番近い人は岐阜県に住んでいる」という事でした。

それを聞き、私は「幇間を呼んでみよう」と思い、令和二年の年末の十二月二十五日に、㈱フローラの社員と私を含めて総勢十人で、大正館へ幇間を呼ぶ事にしました。

その日、全国に八人しかいない内の一人、岐阜県在住の幇間である「喜久次《きくじ》」さんが、二人の芸妓を連れてやって来ました。

喜久次さんは岐阜県岐阜市にある芸妓連の「鳳川伎《ほうせんぎ》連《れん》」に所属しており、「西日本で唯一の幇間」として活動しています。

戦国時代から岐阜県では、芸の伝統が生きていて、喜久次さんはその伝統を受け継いだ幇間です。

喜久次さん達、三人の芸は素晴らしいものでした。特に三人が一緒に海老の形で「さかだち」をしたのには驚きました。

私を含めて㈱フローラの十名にとっては、初めて幇間の世界の素晴らしさを感じた体験でした。

そこで、翌年の令和三年十二月二十七日にも、令和四年十二月二十六日にも、㈱フローラから十人で大正館に行き、喜久次さん達を呼びました。

この時には喜久次さんと、喜久次さんの弟子で新たに名前を襲名した、女性の弟子である「喜久すゞ」さんが来ました。やはり素晴らしい芸を披露し、我々を大いに楽しませてくれました。

江戸時代から続く芸の世界は素晴らしいもので、愛国者として、日本が誇る伝統文化を讃えたいと思います。

サッカーのワールドカップで、日の丸が会場を埋めつくしたのは、「日本サッカーの父」のクラマーさんのおかげです。

サッカーのワールドカップのカタール大会で、森保一監督率いる日本代表の活躍は素晴らしいものでした。

日本のサッカーと言えば、昭和三十九年の東京オリンピックのサッカー男子日本代表から、その歴史は始まりました。昭和三十五年に、日本は代表選手の強化の為に、西ドイツ（当時）からコーチとしてデットマール・クラマーさんを招聘しました。クラマーさんが来る以前の日本サッカーは、国内の大学リーグでしか通用しないものでしたが、クラマーさんは世界に通用するサッカーを選手達に教えました。

クラマーさんは「試合をする事が一番大事であり、試合に通用する実戦練習をしなくてはならない」と、強いチーム同士が対戦するリーグ戦の導入を求めていたのです。

昭和三十九年の東京オリンピックでは、日本は強豪アルゼンチンを破り、ベスト8まで勝ち残っています。昭和四十三年のメキシコオリンピックでは、地元メキシコを破り、三位となっています。

国際的に通用する日本サッカーを立ち上げたのはクラマーさんの功績であり、「日本サッカーの父」と呼ばれています。

昭和三十九年の東京オリンピック終了後、帰国の途に就いたクラマーさんは、日本に五つの提言を残しています。

①強いチーム同士が戦うリーグ戦の創設。

②コーチ制度の確立。

③芝生のグラウンドを数多く作り、維持する事。

④国際試合の経験を数多く積む事。代表チームは年に一回、欧州に遠征し、何試合も対戦する事。

⑤高校から日本代表チームまで、それぞれ二人のコーチを置く事。

①は、後年のJリーグの設立に繋がります。Jリーグが今あるのは、クラマーさんの功績です。

クラマーさんの提言通り、日本サッカーは進展して行きます。昭和三十九年の東京オリンピックの三十年後にJリーグが発足し、そのユースチームでサッカーを始めた若者達が、欧州諸国の各リーグで活躍する様になりました。

そして昨年のカタール大会で、日本は優勝経験がある強豪のドイツとスペインを破るという歴史的快挙を成し遂げています。日本各地では「ドーハの歓喜」としてこれを喜び、世界は「侍ジャパンの奇跡」と驚きました。

日本サッカーの成功は、クラマーさんの教えのおかげです。

浅野拓磨、世界を驚かせた三重県出身の「侍」

サッカーの日本代表チームには、私が住む三重県から二人の選手が選出され、ドイツ戦で二点目を決めた、フォワードの浅野拓磨《あさのたくま》選手は、三重県の三重郡菰野町《こものちょう》の出身です。

浅野選手は四日市中央工業高校時代に、空き缶を拾ってきて、機械に入れて、十円玉をたくさん出して、それを試合の遠征費にしていました。

浅野拓磨選手は、Jリーグではサンフレッチェ広島に所属し、その後、今から六年前にドイツの名門であるブンデスリーガに移籍しました。当時二部のシュトゥットガルトで活躍し、同チームを一部リーグに昇格させています。現在は、同じドイツのＶｆＬボーフムに所属しています。

くにおもふうたびと　第一回

橘曙覧　中

歌人　玉川可奈子

曙覧先生の尊敬する人物

たのしみは　鈴屋大人の　後に生まれ　その御諭しを　うくる思ふ時

（私の楽しみとしてゐることは、本居宣長先生のすぐ後に生まれ、先生の御教へを直接に受けることを思ふ時です）

前回、橘曙覧先生が鈴屋大人こと本居宣長を尊敬してゐる事実を紹介しました。曙覧先生は直接の師である飛騨高山の田中大秀はもちろんのこと、その師である本居宣長をも尊敬してゐたのでした。その事実は宣長の山室山の奥津城（三重県松阪市）を展して、

おくれても　生まれし吾か　同じ世に　あらば沓をも　とらまし翁に

（遅れて生まれた私だが、同じ時代に生まれたならば、沓を取つてあげたいものだ本居宣長先生の）

と詠まれたことからも、深く本居宣長を尊敬してゐたことがわかります。歌中の「沓をとる」ことは、よく世話をして、後見することの例へです。

さて、曙覧先生が尊敬してゐる人物として忘れてはならない人物がゐます。それが、楠木正成公、つまり楠公です。楠公は幕末に於いて、吉田松陰先生をはじめとする志士たちから尊敬されました。さうした中でも久留米の水天宮の神官である真木和泉守保臣はその当時、年ごとに楠公祭を行ひ、「今楠公」と称へられてゐました。

そして、興味深いことに曙覧先生も楠公のことを讃へる歌を作つてゐるのです。

一日生きば　一日こころを　大皇の　御ために尽くす　吾が家のかぜ

（一日生きれば、一日心を天皇の御為に尽くすのが我が

家の家風である）

このお歌は、曙覧先生が楠公の立場になられて詠まれたものと理解できます。そして、この心は奇しくも真木和泉守が「楠子論」に著し、理解してをられた楠公像と一致してゐるのです。平泉澄先生の『先哲を仰ぐ』（錦正社）所収「楠子論講義」より引用しますと、

「…（真木）先生が楠公を慕はれます点は、その功績にあらず、ただその命を致して自分も死ぬ、子供も死ね、孫も死ね、一家一族全部、皇室の御為には命を捧げるがよい、この一点を真木和泉守は感服し、自らこれを実行しようとされた…」

とあります。

私は、右のお歌を曙覧先生が楠公の精神になられて作られたお歌と理解すると同時に、曙覧先生の家の風がこのやうにあつて欲しいと願はれたのではないかと想像してゐます。また、次のお歌もよく知られてゐます。

湊川　御墓の文字は　知らぬ子も　膝折りふせて
嗚呼とい ふめり

（湊川に建てられたお墓の文字を知らない子も、膝を折り伏して、嗚呼と言つてゐるやうだ）

曙覧先生は、義公徳川光圀の建てた「嗚呼忠臣楠子之墓」をこのやうに歌つたのでした。

一につながるまめごころ

前回も触れましたが、曙覧先生の先祖は橘諸兄とされてゐます。諸兄は、葛城王と称し皇族でありましたが、親戚に下り橘諸兄となりました。右大臣や左大臣に任じられました。その諸兄には次の歌が『万葉集』の巻第十七に伝はつてゐます。

降る雪の　白髪までに　大皇に　仕へまつれば
貴くもあるか

（この降り積もる雪のやうに私の頭は白くなつてしまふ年まで天皇に仕へてきましたことは貴くありませうか）

私はこの歌に、古への「まめごころ」を見るのです。そして、楠公もまた橘諸兄の子孫であります。諸兄、楠公、曙覧先生はこの「まめごころ」を通じて一つにつながるのを見ると、歴史の不思議、そして国史の尊厳を思はずにはゐられません。

諸兄と楠公、楠公と曙覧先生の事績は異なります。しかし、そこには一つの精神が貫かれてゐるのです。

日本文明解明の鍵〈特攻〉④
日本異質論と奇跡の国日本論をこえて

歌人・評論家　屋　繁男

3、日本語における日本文明の特質

①日本人のわたしとは何か

周知のように、日本語にはインド、ヨーロッパ系言語のような一人称代名詞はない。英語の「I」、ドイツ語の「ich」、フランス語「je」などは同一の言葉が数千年にわたって用い続けられており、しかもこれらの代名詞は同一の言語の源に遡られるらしいのである。これに対し、日本語のそれは実に多くの変化、交替を続けてきたと言える。そのうえ、日本語の一人称代名詞は元来具体的な意味を持った人を表す、実質詞からの、転用である。今、普通に我々が使用している「わたし」(私)はもともとは「公に対し、自分一身(だけ)に関する事柄」を表する名詞であった。また「僕」(ぼく)はこの漢字の意味からもわかるように、「しもべ」つまり下男を表する普通の名詞だったのである。このような言葉が転用されて自分を指す人称代名詞として使われるようになったのである。

つまり、日本語はインド、ヨーロッパ系言語の一人称代名詞に相当する、自分自身をば直接に指し示す言葉を持っていないのである。先ほど述べた一人称代名詞に相当すると思われる日本語が年代を追うごとに変化してきたということも大変な驚きであるが、このそもそもインド、ヨーロッパ言語の一人称代名詞に相当する自分自身を直接に指し示す言葉がないということはもっと驚くべきことなのである。またこのことは、伝統的な日本文化においては、事物を見、事物を考えるに際して、固定した拠点が存在しないというアポリアに対峙しているのである。もちろん明治以降、欧米の言語、文化の流入により、ずいぶんと変化した部分もあるのであるが、このような言語における日本の異質性はなお強く存在し、日本異質論の論点の一つとなっているのである。これを要するに文明論的な問題と言ってよいと思われるのである。

② おはようという挨拶

まだ青年だったころ、中年のおじさんやおばさんあるいは老人たちが夏の日「暑いですな」とか「お暑うございます」とか言って挨拶する姿が何か不思議であった。遠くからしかも相手の顔も見ず、適当にあわしている姿に少なからず違和感を抱いていた。今思うに筆者も西欧のしかも戦後の教育を受けたために、このような日本的な挨拶というささやかな儀礼さえ、少し距離を感じていたのではなかろうか。

英語圏の人間ならば"Good morning"「よい朝を」と言ってまず相手の顔、特に眼を見るはずである。この場合「わたし」は「あなた」に自分の気持ち（意思）を伝えようとするのであるから、相手から眼をそらしてはならない、失礼にあたるから。何しろ自分の気持ち（意思）I wish you（私はあなたに願っている）"Good morning"（よい朝を）を示さなければならないからである。

これに対して日本人の「おはようございます」の挨拶は逆に相手から互いに眼をそらし、相手を見ないようにしながら、頭を下げるのである。もちろん筆者ら戦後生まれ以降の人間は戦前の人らに比べるとちらっとは相手を見るが、欧米人のように最後の別れのようにじっと見つめるというようなことはない。そして、やがて挨拶の相手は眼前から消える。すると、その相手を見て挨拶をしている「わたし」も同様に消滅する。そして残るのは朝が早いという状況つまり自然だけである。このように〈わたし〉と相手が互いに共有する状況の中に溶け込むことによって〈わたし〉と相手は互いに触れ合うことをよしとし、とりあえずは満足する文化なのである。

③　さよならという挨拶

言うまでもなく西欧での別れは三つのタイプに分類される。まず一番目はまた会いましょうである。英語の See you again、仏語の Au Revoir らがその代表である。英語のそれは説明するまでもないが、仏語のそれは Re「もう一度」voir「会う」という意味である。独語の“Auf Wiedersehen”も“Wieder”「再び」“sehen”「会う」である。スペイン語の“Hasta la vista”も再会までという意味である。中国語の〝再見〟は説明するまでもない。

次のタイプは日本語には全くない別れの言葉である。good-bye という英語がその代表であるが、それは God be with you が改まったと言われるもので「神があなたとともにあらんことを祈る」という意味である。仏語の“Adieu”“dieu”神、“A”が「～へ」ないし「～において」という意味の前置詞であるので「神の御許」という意味である。スペイン語の“Adiós”またイタリア語の“Addio”も同様に、別れの時に神の御加護を願うという意味である。そのような別れの言葉は日本語には全くない。

最後の例は英語で使われる“Farewell”である。これは“well”「うまく」、“fare”「やって行ってください」という別れる時の言葉である。朝鮮語の〝アンニョンヒケセヨ〟のアンニョン（安寧）は「安らかに行って下さい」ないしは「お元気で」との意味である。

以上三つの別れの言葉が世界で使われている。日本人においては一番最初の「またね」とか「じゃあ、また」と言って別れることはあるし、また最後の「御機嫌よう」とか「お元気で」と言うような別れの言葉は普通に使われている。しかし二番目の「神の御加護を」とか、「神の御許に」別れることは特別な人クリスチャンでもないかぎりない。今でも小学校や幼稚園では「先生さようなら、皆さんさようなら」と言って別れの挨拶をしているはずである。

それでは日本人はなぜ昔から「さよなら（ば）」「それでは」と言って別れて来たのであろうか。このような世界を見渡してもかなり特異な言葉で別れの言葉を紡ぎ続けてきた我々日本人には他者はどのように位置付けられており、ひるがえって世界をどのようなものととらえていたのか、また今もいるのか。そのことを考えてみなければならない。

以上のことについて先取りして言っておくと、日本人にとっての挨拶、さよなら（ば）だけではなくお早ようや暑いですね等は、それまでの個をまず滅却して、その時その場の状況（自然）を共有し、そのうえで触れ合い、調和することを目指しているのである。つまり西欧人のように〈わたし〉と〈あなた〉が互いに出会ったのではなく、とりあえず互いに共有する状況（自然）の中に、こう言ってよければ溶け込んで触れ合ったという共有体験としての儀礼なのである。無論現代社会において日本人はこのような形式でのみ日々生活しているわけではない。ざっくり言えば三分の一くらいは西欧的な思考とともに、挨拶の儀礼もその影響を受けているのであろう。しかし、最後の最後日本人は個々の人格やそれらの出会いに価値を置くのではなく、まさに状況つまり自然に最終的価値を置くのである。それは世界の中でじつに珍しい文明なのである。

思うに大西滝治郎中将が最初の特攻時に部下に送った和歌は、先にも述べたように別離の時に詠まれたのである。この世との別れの時に自らが詠む辞世の歌は言うに及ばず、別離のみの儀礼としても和歌は詠み続けられてきたものである。この世での別離、この世を去る別れの差異はあるもののここで和歌は大きな威力を発揮する。先ほど述べた明治以降の近代日本人である特攻隊の青年たちも西欧人ほどの肥大した自我意識はないにせよ、その半分くらいは死を意識する自我意識を持っていたであろう。しかし大西将軍が贈与されたこの別離の和歌はさらに自我意識による死の恐怖をいか程かは柔らげたことであると思われる。もちろんそれですべてよしというわけではない。「見るほどのものは見し、それで良し」ということなのである。これが日本文明ということなのである。

④　日本語と印欧語の差異　─神の視点と虫の視点─

国境の長いトンネルを抜けると雪国であった

The train came out of the long tunnel into the snow country

川端康成作「雪国」の有名な出だしの文とそのサンデンステッカーの訳である。この英訳をさらに逆に日本語に訳し戻せば「汽車は長いトンネルを抜けて雪国へと出てきた」としかならない。汽車とトンネルだけの単なる自然の描写で、主人公はどこにも見当らない。つまり英語人から見れば全員が上から見下ろしたトンネルから雪景色の中に汽車が出てくる様子をイメージするのだと思われる。

しかし、日本人である我々が日本語で作品を読めば、汽車に乗っている主人公の視点に自分を同化させ、汽車の中からの情景をまずイメージし、トンネルの黒い壁が彼方へと過ぎ去り、銀世界が眼前に一気に開ける様子がイメージされるはずである。この違いを言語学者の金谷武洋氏によると、日本人は常に移動する虫の視点で物事をとらえる。そのため、「雪国」の冒頭を読んですぐに自分が汽車に乗っているように主人公に同化できることになり、他方英語人は上から俯瞰するような、いわば神のような視点でこの状景をとらえていることによるらしいのである。

前近代の日本ではこの神の視点はほとんどの人は持ちえなかった。そのため自然科学が発達せず明治の開国によって、そのような神の視点を導入するところとなったのである。とまれ、この神の視点もなければ近代の人間や国家としてやってはいけないからなのである。しかし、なお日本人は従来よりの虫の視点を今なお多くかつ濃厚に持っており、これが日本人、日本文明を他の外国人や諸々の文明人が到達したニヒリズムの窮地から免れさせている原因の大きな一つと言えるであろう。具体的には和歌や俳句のように虫のような視点で自然の中におり、ある場合には自然の一部となって、言葉を紡ぐこと、そのことだけで生を充足させるという方法を日本人は今も持っているのである。

現代歌人に歌壇を代表する自称軟弱歌人がいるが、彼でさえ「短歌があるじゃないか」という歌論を書き究極のニヒリズムから免れているのは、和歌の力＝日本文明の力だと言っても過言ではないのである。（穂村弘『短歌があるじゃないか　一億人の短歌入門』角川ソフィア文庫）

よく知られているように日本語は当然には主語を必要としない。これに対し印欧語は必ずこれを必要とされる。印欧語は主語が述語部分や形容部に強い拘束力を発揮するが、日本語は述語部分が他の部分に拘束力を発揮する。つまり最後まで聞かないと、ないしは読まないと意味が把握できないのである。現在まで、日本人は同一民族としての歴史を刻み、それだけに人間関係の同一性が高く、情や気脈を通じ合える生活場が多かったのであろう。このことは共同体の内側で生涯を終える従前のような状況では良かったのであるが、さまざまの異邦人と接しなくてはならなくなった現代では逆に欠点となる側面があるのである。そこで印欧語特に英語の教育を早くから始めるということが行われ始めている。

しかし、先述したように日本語の構造では動詞すなわち述語部が最後に来る。つまり日本人は主体、この場合自分は原因ではなく結果だと考え、そのため主体の判断は最後にするのである。これを日本人の主体性や判断決断力の遅れに起因するようにのみ結論づけてはならない。けだし、日本人においては、主体、自我は共同体の中で発揮されるものだとの文明論的意識とでも言えるものを共有しているからなのである。（田中英道『日本宗教・本当は何がすごいのか』扶桑社）

このような文明論的な論理構造を、日本人としてのそれを、まず身につけてからでないと英語を学んでバイリンガル化しても、中途半端な人格になる可能性が高いのである。近年帰国子女問題にその一端が見受けられるようである。

（続次号へ）

在宅医療から見えてくるもの
西洋近代文明の陥穽とその超克⑬

予測は予測であって人体は測り知れない

医師　福山耕治

エクスペクテーションコントロール（期待値管理）

あなたはエクスペクテーションコントロール（期待値管理）という言葉をご存じだろうか？　この言葉はビジネスやコンサルティングの世界で使われる用語であり、企業が顧客と契約する際に相手の期待値を過度に高めないようにすることなどを指している。要は顧客の期待と現実（実際の企業のパフォーマンス）に食い違いがあると顧客満足度が低下してしまうので期待値を上手くコントロールしていこうという話だ。ただ、逆に期待値が低すぎると、そもそも契約自体をしてもらえなくなるので一筋縄ではいかない。

この話は医療においても重要な話である。治療の見込みなどについて患者さんや家族は医療に大きな期待を抱いている。一方でその期待にいつも応えることができるかといわれればケースバイケースでありいつもできるとは限らない。医療の現場でも世に言う「インフォームドコンセント（十分な説明と同意）」が行われるが、期待と現実がせめぎ合い困難な状況に陥ることがある。特に治療見込みが厳しい場合には、医師も企業と同じように、過度の期待を抱かれないように、と同時に、逆に絶望されないように、細心の注意を払う必要がある。

予後予測＝「あとどれくらい生きられるのか？」の予測

あなたが健康な人であると仮定しよう。テレビで「日本人男性／女性の平均寿命は○○歳」といったニュースが流れると、あなたはだいたいそれくらいは生きられるもの期待してしまうだろう。だがこれは平均の話であってあなたの話ではない。そして、身も蓋もない話だが、事件や事故に巻き込まれて（外因性に）急に命を落とす可能性や、あるいは、全く予期しない急な病気で（内因性に）死んでしまう場合を想定すると、「あとどれくらい生きられるのか？」という問いは「予測できない」ということで結論してしまう。よって、予後予測＝「あとどれくらい生きられるのか？」の予測は、言外に「予想外の事件・事故・急病を除外したとしたら」「今現在の健康状態から推測して」という前提のもとでの話となる。

もしも、あなたが癌を患っていたら？ 脳血管障害や心疾患の既往があったら？ 呼吸機能や腎機能や肝機能が低下していたら？「あとどれくらい生きられるのか？」という問いの深刻度は違ってくるだろう。在宅医療の現場ではもっと切実だ。在宅医療の対象は主に「要介護状態の高齢者」であり、癌の終末期の患者さんや老衰の末期の患者さんなど老病死が目前に差し迫った患者さんが含まれる。

もちろん、「言わぬが花。知らぬが仏。」で敢えて知りたくない患者さんや家族もいる。その一方で、診察時に患者さんご本人から「自分はあとどれくらい生きられるのでしょうか？」と聞かれることもあれば、診察後に玄関口に見送りに来られた家族から「あとどれくらい持つのでしょうか？」と聞かれることもある。患者さんも家族も心の準備が必要だろうし、遠くに住む親族や友人が早めに会いに来た方が良いかどうかも気になるだろう。もしも患者さんや家族から「あとどれくらい生きられますか？」と聞かれた場合には、過度の期待を抱かれないように、と同時に、逆に絶望されないように、細心の注意を払う必要がある。

予後予測は可能なのか？

そもそもの問題として、予後予測は果たして可能なのだろうか？ 例えば、今あなたに何らかの癌が発見されたとしよう。担当医から「この癌のこの病期（ステージ）での5年生存率は50％です。」と言われたらどうだろう？ これでは余りにもざっくりとしすぎていて良く分からない。5年後に生きている確率が50％と言われてもピンとこない。

在宅医療の手前の段階、病院での癌診療では、このように「5年生存率」というものが使用される。これは、言わば確率・統計による予後予測であり、それぞれの癌ごとに(癌によっては組織型を分けて)、病期(ステージ)と手術をしたか?によって場合分けをして「5年後に何%の患者さんが生存しているか?」という統計データが集計されている。

ただし、この統計では合併症や生活習慣はおろか年齢さえも考慮されていない。残念だがこれが現代医療の限界である。年齢や合併症や生活習慣などしっかりと場合分けされたあなたの5年生存率の確率というものは統計データとして存在しないし、仮に存在したとしてもそれはやはり確率でしかないのだから「あとどれくらい生きられるのか?」という問いの答えにはなっていない。

正直なところ、予後予測は難しい。「予想外の事件・事故・急病を除外したとしたら」という前提のもとでも。そして、予後予測の他にも世の中には予測困難なことが山のようにある。科学が進んだ今日においてでさえ。例えば、天気予報の精度は高くなってきているので明日(1日後)の天気予報はかなりの確率で的中するだろう。しかし、1週間後の天気となるとなかなか的中しない。1カ月後・1年後の天気も予測できない。それはなぜか? 物事は常に移り変わるからだ。たくさんの要素が複雑に絡み合いエントロピー(乱雑さ)が増大していく。今の状況で立てた予測は今という前提条件のもとで成り立っているので、明日状況が変化したらその状況をもとに予測を変えなくてはならない。

時間が先に進めば進むほど元々予想をした状況からの変化やずれが大きくなってくるので、より遠くの未来になるほど予測が困難になる。起こりうるすべての変化を事前に織り込んだ予測などというものは神ならぬ人間には到底できない。天気や人体のことを予測できるのはほんのわずかなことだけであって、大半のことは測り知れない。

ゆえに医師は、予後よりも前に、まず予後予測のエクスペクテーションコントロール(期待値管理)をする必要がある。つまり、「あとどのくらい生きられるのか?」に対する期待値を管理する前に、「あとどのくらい生きられるのか？」をどれくらい予測できるのか？」に対する期待値を管理する必要がある、ということだ。先に「人体は測り知れない」ということを理解していただく必要がある。

3つの指標（生活状況のものさし）

では、病院での癌診療ではなく在宅医療の現場ではどうだろうか？ 癌の終末期の患者さんや老衰の末期の患者さんなど老病死が目前に差し迫った患者さんの予後予測はどうなっているのだろうか？ 結論から言うと、「動ける」「食べられる」「コミュニケーションできる（意識がある）」という3つの生活状況をチェックすれば予後のおおよその予測ができる（逆に検査結果などの数字は余り役に立たない）。この3つの生活状況から判断し「月単位」「週単位」「日単位」という大まかな単位で予後を予測する（より詳しくは予後予測のツールとしてPPI（Palliative Prognostic Index）やPPS（Palliative Performance Scale）というものがある）。

人は、だんだんと動けなくなって、食べられなくなって、コミュニケーションができなくなって（意識がなくなって）死を迎える。このことは、考えてみれば当たり前のことだし直感的にもイメージしやすい。見たまま・あるがままと言える。だが、在宅看取りが一般的でなくなった今日の日本では忘れ去られていることでもある。死の直前には、「経口摂取が全くできなくなって1週間前後、尿が出なくなって2～3日、下顎呼吸がみられれば当日または翌日」という目安もある。ただし、「月単位」「週単位」の予後と思っていた患者さんが急に亡くなることもあるので注意が必要だ（逆のパターンもある）。本質的には予測は予測であって人体は測り知れないということを忘れてはいけない。

西洋近代文明の陥穽、それは進んだ科学により天気や人体などの自然現象を予測できると何となく思ってしまうことである。ある程度は予測できるとしても本質的には自然は自然であって「あるがまま」でしかない。医師は、患者さんや家族の気持ちに寄り添いながらそのことを上手く伝えていかなければならない。謙虚に自然を受け入れていくしかない。

【書評】

『詳説「ラストボロフ事件」』

現在、岸田文雄総理が率いている「宏池会」（岸田派）を創設したのは、所得倍増計画を実現した池田勇人元総理だ。そのブレーンとして知られる下村治とともに重要な役割を果たしていたのが、池田の大蔵省時代の同期で、宏池会事務局長を務めた田村敏雄だった。本書は、この田村がソ連のスパイであった事実を明らかにしている。首相の側近に、ソ連の元エージェントがいたことには驚くが、著者によれば、ソ連に抑留され、手先になることを誓約した「誓約引揚者」であったことが歴然としているばかりか、東京裁判にソ連側の証人として出廷した瀬島龍三もまた、中曽根政権のブレーンとして活躍していた。

さて、田村がソ連のスパイだったことが判明するきっかけとなったのが、本書が取り上げるラストボロフ事件だ。

稲村公望 著
彩流社刊
3,300円（税込）

1954（昭和29）年1月24日、ソ連の情報機関員ユーリー・アレクサンドロヴィチ・ラストボロフがアメリカに亡命し、スパイ活動について暴露したことによって事件は発覚した。前年3月にスターリンが死去し、内務大臣ベリヤが逮捕され、ソ連国家保安機関内では粛清が開始されていた。そして、1954年になると、大使館の会議でラストボロフのモスクワ召還が決定されていた。

ラストボロフは、第二次世界大戦後に日本を訪れ、外務省や通商産業省の事務官らを含む多数の日本人エージェントを用いて情報収集を行っていた。

著者は、事件の経緯を調査した警視庁公安部の報告書「ラストボロフ事件・総括」を入手したことをきっかけに、この事件の真相に迫ることになった。

アメリカに亡命したラストボロフは会見を開いた。同日、警視庁は外務省欧米局第五課事務官・日暮信則と国際協力局第一課事務官・庄司宏を逮捕したのだった。さらに、経済局経済二課事務官・高毛礼茂が検挙され、アジア局第二課に勤務していた志位正二は自首した。日暮は取調べ中に飛び降り自殺を図った。

田村敏雄は、日暮、庄司、志位らと同様に、ラストボロフが直接運用していた手先の一人だった。ハルビンで終戦を迎えた田村は、ソ連当局に捕まり投獄された。一日も早く帰国したいという気持ちで、帰国後のソ連への協力を誓約したという。1950年までにソ連のエージェントになることを誓約させられた日本人はおよそ500名に上るという。その他の情報提供者を含めた潜在エージェントは8000人を超える。

「ラストボロフ事件・総括」の参考記録にファイルされた「ラストボロフの供述書」には、ラストボロフと日暮、庄司らとの接触の経過が詳しく述べられている。では、逮捕されたエージェントたちはどうなったのか。

「日本では、スパイ防止法がないために、摘発するにも国家公務員法違反か、外国為替管理法違反が関の山であった。高毛礼の場合、懲役一年、罰金百万円と軽微で、庄司の場合、調書の証明力が十分でないとして、無罪になった。志位正二は、不起訴になり、シベリア開発の専門家になった」(229頁)

東西冷戦時代、日本の情報を利用していたのは、ソ連だけではない。著者が指摘している通り、進駐した米軍に協力して早くも再軍備を画策して、米国の先兵と化した旧軍将校がいたことも忘れてはならない。著者が懸念しているのは、外国勢力によって日本の政治が左右されることだ。

「近年の権力中枢には、新自由主義という、疑似全体主義の国家を超えた国際拝金思想を信奉する勢力が入り込み、近隣の全体独裁国に日本の国富を資金源として投機して失敗している」(232頁)

著者が主張する通り、自立自尊を確保して外国勢力の不当な介入から日本を守るためには、スパイ防止法を早急に制定する必要があるのではないか。(坪内隆彦)

前田英樹『保田與重郎の文学』
（新潮社、14380円）

私が愛読している評論家の一人に、前田英樹がいる。前田の信仰論、そして小林秀雄、内村鑑三、柳宗悦、そして保田與重郎の評論には強い影響を受けた。前田の保田與重郎論は既に『保田與重郎を知る』（新学社）で出されているが、本書はそれをより追究した、八百ページ近い大著であり、前田の保田論の集大成となっている。

本書は保田最晩年の著作『わが萬葉集』の評論から始まる。日本人の清き赤き心を示すのに万葉集は欠かせないからであろう。保田はその生涯に万葉集論を四冊も書いている。万葉の古代に帰りたいという情熱が保田を突き動かしたのであろう。保田はドイツロマン派の教養を持ちながら、日本回帰した人物である。ドイツロマン派が持っていたギリシャへの憧憬が、保田にとってはそのまま万葉集の時代への憧憬に移っているようにも思われる。

神を信じ、季節を歌に詠む言霊の生活を送り、祭りをし、自分たちが食べる分だけの農作業をする―。それが保田の描く純粋素朴な生活であり、そんな素朴さに還っていこうという純真さこそが復古の道であった。そのような復古を目指す維新に覇道は入り込む余地がない。保田の描くくにの姿はアナーキー的な色彩さえ宿るものである。農の精神は、もっと富を稼ぐよう人々を駆り立てる近代政府的精神と真っ向から対立するところがある。

保田の文学は、帝国大学的な枠に収まるような文学ではない、信仰性を帯びたものである。敢えて言えば草莽の文学だ。それは宣長の「からごころ」批判に通じるものがある。「からごころ」とは単なる外来思想のことではない。物質的、合理的でありすぎることは、そこに情緒がなく信仰がない。したがって西洋近代的なるものもまた「からごころ」なのであった。保田は孤独である。保田の生涯とは、戦前戦後一貫していたが、戦前戦後ともなかなか理解されなかった。戦前日本は所詮文明開化の後継であり、アジア的生活を軽んじた社会である。そして戦後は保田を超国家主義者のレッテルを貼り、罵詈雑言を浴びせるだけでその言説に真摯な検討はなされなかったのである。物質文明に毒された現代人こそ、覇道を排し王道を恢弘するために保田の描くアジア的生活に関心を持つべきではないだろうか。

（小野耕資）

千葉功『南北朝正閏問題』（筑摩書房、1760円）

南北朝正閏問題とは、明治42年発行の第二期国定教科書児童用（尋常小学校児童歴史）において南北両朝が並記されたのを発端として、南北朝のどちらが正統なのかをめぐり、教育界はもとより学界や政界を巻き込んだ一大論争である。

問題は明治維新が道義の上においては大楠公らの忠臣によって支えられた南朝を是としつつも、皇統は足利高氏が擁立した北朝のお血筋を引かれていることにあった。閏統とはいっても、正統ではないという意味であって皇室のお血筋であることに変わりはないから偽統ということではない。

実は明治36年の第一期国定教科書の時から南北朝は並記されていたが、このタイミングで問題化したのは、当時社会主義運動が高まり明治43年には大逆事件が起こるなど人心が混乱するなかでの国体意識の高まりがあった。つまり、朝廷に謀反を働いた足利高氏が擁立した北朝を南朝と同列視するような政府の教育や歴史観が大逆事件を引き起こしたのだという論調が高まったのである。

こうした議論が過熱化した背景には、当時の桂太郎首相と西園寺公望率いる立憲政友会が連合した「桂園体制」のなかで閉塞感を強め、政府批判の糸口を探していた立憲国民党の存在や、貴族院少数派であった伯爵同志会、また発行部数が伸び悩んでいた読売新聞などの存在があった。

読売新聞は紙上において、文部省で教科書を編纂した喜田貞吉や三上参次への攻撃を展開した。これが牧野謙次郎や松平康国などの早稲田漢学者グループに飛び火し、崎門派の内田周平もこれに加わった。

さらには菊池謙二郎を中心とする水戸学関係者もこれに呼応した。内田等が中心となり大日本国体擁護団が結成され、犬養毅は衆議院で桂政権の弾劾演説を行った。

結果的に、政府は明治天皇の勅裁を仰ぐ形で南朝正統が確定されたが、歴史をめぐる大義名分が政争化した明治と現代の落差を思わざるをえない。

（折本龍則）

昭和維新顕彰財団

大夢舘日誌

令和五年六月～七月

一般財団法人昭和維新顕彰財団は、神武建国から昭和維新に代表する「日本再建運動」に挺身した先人の思想と行動を顕彰・修養・実践を行うことを目的に設立され、会員、有志の方々の支援により、これまでに様々な活動を行ってきました。

「大夢舘日誌」は、事務局のある岐阜県の大夢舘から、財団の活動について報告していきます。この日誌によって、財団に対する一層の理解が頂けましたら幸いです。

（日誌作成・愚艸）

六月十六日

現在、坂下正尚監督の映画「燈火　風の盆」が製作進行中である。映画は本財団評議員・中川正秀（大夢舘議長・敷島塾塾長）が参画・協力しているが、本財団では支援金による協賛を実施した。

映画はクラウドファンディングによる協賛を募集している。問い合わせは、映画「燈火　風の盆」製作実行委員会（電話　03―6325―4912）まで。

七月八日

大夢舘において、昭和維新顕彰財団北陸ブロック研修合宿が開催され、中川正秀、本財団評議員鵜崎暢之（大夢舘特別執行役）をはじめ敷島塾と大夢舘舘主・鈴木田遵澄、同事務局長補佐・坂井晴輝らが参加した。

岐阜護国神社参

拝、青年日本の歌史料館、大夢の丘「青年日本の歌」碑などの記念碑を観覧した後、大夢舘忠節文庫において、鈴木田舘主による「日本主義の思想と行動」についての講義、質疑応答、意見交換を行った。

七月十日

全国有志大連合（全有連）名古屋大会に本財団事務局長・花房仁が参加した。全有連は、神兵隊事件に連座し、大夢舘とも縁の深い片岡駿先生が創設した団体である。

元楯の会隊員の村田春樹氏が講演を行った。

七月十六日

岐阜護国神社内にある「大夢の丘」の清掃奉仕を、事務局と有志で実施した。

炎天下での草刈り奉仕となったが、アカネズミやリスなど、野生動物の姿も見ることができた。

活動報告

・オンラインで維新と興亜塾**八紘為宇と王道アジア主義**（講師：坪内隆彦）第六回（六月二十九日）、第七回開催。（七月二十六日）

・米国大使館前でＬＧＢＴ法案に関連した**エマニュエル大使への抗議街宣**（詳細四十八頁）。（七月四日）

・折本龍則発行人、坪内隆彦編集長、小野耕資副編集長、中村信一郎顧問、堀茂顧問、稲貴夫顧問で今後の講演会運営について打ち合わせ。（七月十四日）

・坪内隆彦編集長、小野耕資副編集長、一般参加者で**鐵砲洲稲荷神社の和平神繆斌顕彰碑と東久邇宮・蒋介石使者繆斌談笑画像碑**見学。（七月二十二日）

東久邇宮・繆斌談笑画像碑

・大アジア研究会主催、**ブルース・リー歿後五十年**勉強会を水天宮で開催。坪内隆彦編集長、ＴＯＫＹＯカンフー道場代表・佐藤光彦氏が講話（詳細五十八頁）。（七月二十二日）

・小野耕資副編集長が秋田**平田篤胤生誕地碑、墓所**参拝。（七月二十八日）

・小野耕資副編集長が内弘志顧問主催の**敬天愛人フォーラム未来**で「沖永良部島での西郷さん—社倉に込められた農の歴史」と題し講話。（七月三十日）

・折本龍則発行人、坪内隆彦編集長、小野耕資副編集長が**呉竹会アジアフォーラム**に参加。（八月六日）

※活動は YouTube「維新と興亜」チャンネルでも公開

平田篤胤墓

平田篤胤生誕地碑

読者の声

■第十九号で玉川可奈子さんが紹介されていた、「利のみむさぼる国に」という橘曙覧の歌は、良い歌だと思った。口先では国体の尊厳を唱えつつも、その内実は私利や党利の最大化に過ぎず、しかもそのことを矛盾とも感じられない、そのような精神の堕落が自民党的なものを生み出し、「第二自民党」たる維新の会に至っては、そうした建前としての精神的価値すら、かなぐり捨ててしまったかのようである。（本荘秀宏）

■YouTubeでエマニュエル大使への抗議動画を見ました。『維新と興亜』は雑誌を出すだけでなく実際に抗議活動等現場に行かれていることがすごいことで、日本国民のために奮闘していただきありがとうございました。世の中はどんどんおかしくなってきていますが、何とかしてこれに歯止めをかけていかないととと思っています。（千葉県・坂上健児）

読者の皆様からの投稿をお待ちしています。
二百字程度の原稿をお送りください。

編集後記

★特集「占領後遺症を克服せよ」を組み、GHQが綿密な日本人研究に基づき、対日占領政策遂行のためにいかに周到な準備をしていたかを実感しました。

★本誌が批判してきたグローバリストの新浪剛史氏が、「（二〇二四年秋に健康保険証を廃止するという）納期に向けてしっかりやっていただきたい」と述べています。マイナンバーカードの普及は、グローバリストたちにとってそれほどうまみがあるのでしょうか。

★入稿直前の八月十九日、衆議院議員の福島伸享先生のご協力により、水戸の祇園寺に赴き橘孝三郎先生の墓参をいたしました。その後、愛郷塾をお借りして勉強会を開催、小野耕資副編集長が橘孝三郎について講義。翌二十日には、折本龍則発行人が常磐神社で開催された水戸学講座に参加。筆者は小野副編集長とともに北茨城の五浦に向かいました。岡倉天心の『東洋の理想』出版百二十周年を記念し、茨城県天心記念五浦美術館で開催中の企画展「天心と画家たちのアジア」を見学。詳細は次号で報告いたします。（T）

≪執筆者一覧（掲載順）≫

坪内隆彦	（本誌編集長）
折本龍則	（千葉県議会議員・崎門学研究会代表）
小野耕資	（本誌副編集長・大アジア研究会代表）
木村三浩	（一水会代表）
山岡鉄秀	（情報戦略アナリスト）
山崎行太郎	（哲学者）
稲　貴夫	（神社本庁参事）
出見晃大	（本誌記者）
浦辺 登	（一般社団法人 もっと自分の町を知ろう 会長）
西村眞悟	（元衆議院議員）
木原功仁哉	（祖国再生同盟代表・弁護士）
杉本延博	（奈良県御所市議会議員）
倉橋　昇	（歴史学者）
川瀬善業	（株式会社フローラ会長）
玉川可奈子	（歌人）
屋　繁男	（歌人・評論家）
福山耕治	（医師）

道義国家日本を再建する言論誌
維新と興亜　九月号
令和五年八月二十八日　発行
編　集　崎門学研究会
大アジア研究会
発行人　折本龍則（望楠書房代表）
〒279―0002
千葉県浦安市北栄一―一六―五―三〇二
TEL　047―352―1007（望楠書房）
Email　mail@ishintokoua.com
URL　https://ishintokoua.com
印　刷　中央精版印刷株式会社

※　十一月号は令和五